KB213978

금 강 경 圖

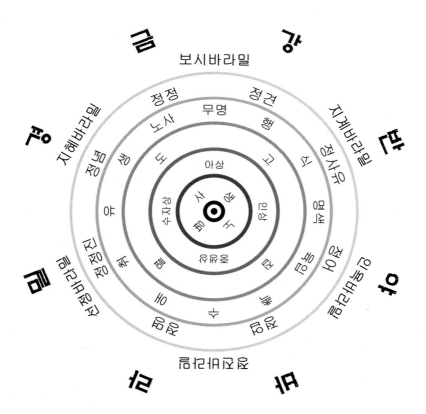

친절한 금강경을 출간하며...

지금!
친절한 금강경을 읽는 당신은 이미 선택받은 행운
아입니다.

부처님의 말씀 중에 맹구우목盲龜遇木이라는 비유
적 가르침이 있습니다.

이 말의 뜻은 아주 깊은 바다에서 살고 있는 눈먼
거북이가 백 년에 한 번씩 숨을 쉬러 수면 위로 올
라오게 되는데 이때 정처 없이 바다 위를 떠다니
던 구멍 난 통나무의 구멍 속으로 거북이의 머리
가 들어가는 경우의 수와 때를 가리켜 맹구우목의
인연이라고 합니다.

하지만 부처님 가르침과 만나게 되는 인연은 사람으로 태어나는 맹구우목의 인연보다도 더욱 지중한 백천만겁百千萬劫을 지나도 만나기 어려운 인연이라고 하였습니다.

이렇듯 아무리 소중하고 귀한 보석이라지만 스스로가 소중한 줄 모르고 귀한 것인 줄 알지 못한다면 자신의 수중에 있다 한들 한낱 장식품에 불과할 것입니다.

금강경은 부처님께서 우리에게 '이렇게 마음을 다스리고 이와 같이 세상을 살라.'고 말씀하신 경전입니다.

부처님께서는 우리가 살고 있는 이 세상을 사바세계娑婆世界라 하였습니다.

사바세계는 중생들이 온갖 괴로움과 고통 속에 살

면서 그 괴로움과 고통에서 벗어나려 갖은 노력을 다하지만 결코 벗어나지 못하는 우리들의 삶을 말합니다. 하지만 부처님께서는 금강경의 가르침에서 괴로움의 원인을 제거하고 영원히 행복하게 사는 삶의 길을 안내해주셨습니다.

'친절한 금강경'은 최대한 우리말로 읽기 쉽고 이해하기 쉽도록 편집하여 기획 출판하였습니다.

금강경 가르침에서 '금강경이나 네 구절의 게송'만이라도 항상 읽고 배우고 익히면서 다른 사람들에게 그 뜻을 설명해준다면 이 복덕은 갠지스강의 모래알만큼이나 많은 삼천대천세계를 칠보로 가득 채워서 보시한 복덕보다도 훨씬 더 크다고 하였습니다.

더불어 금강경 가르침이 곧 사성제 팔정도 육바라밀의 다른 표현임을 알고 내 삶의 근간으로 삼아

일상에서의 체화 과정을 묵묵히 훈련해나간다면 부처님과 부처님의 가르침을 만난 최대의, 최고치의 '인연 자, 복덕 자, 행복 자'가 될 것입니다.

일상의 삶에서 '복덕이 있다 혹은 없다'는 분별심과 '나는 원래 근기가 부족하다'는 등의 중생심으로 미리 실망하지 마십시오.

친절한 금강경과 함께하는
당신은 이미 0.1%의 변화가 시작되었습니다.
당신의 복덕은 이미 0.1%가 쌓였습니다.

운칠기삼이라는 말이 있듯이
세상을 살아가는 데는 노력뿐만이 아니라 때로는 행운이 따르는 복도 필요합니다.

이제 읽기 쉽고 이해하기 좋은 '친절한 금강경'을 읽고 배우고 익히면서 사랑하는 가족과 도반과 이

웃과 함께 부처님의 진심을 나누며 행운을 만들고
복 쌓는 행복한 삶 되시길 축원드립니다.

부처님 탄생 2645주년

(불기 2565년, 서기 2021년 4월)

고닐 손 모둠

차 례

금강경 독송

부록

금강경은 사성제다.

0.1°

팔정도 육바라밀로 꽃 피우다.

친절한 금강경 사용 설명서

금강경의 가르침을 읽고 듣고 배우는 방법으로는 눈으로 읽는 간경看經, 소리 내어 읽는 독송讀誦, 귀로 듣는 청경聽經과 마음을 다스리는 방법으로 참선參禪이 있다.

간경과 청경은 혼자서 하는 신행이며 독송誦經은 두 사람이나 혹은 셋 넷 또는 여러 사람이 함께하면 더욱 좋다.

참선과 기도는 스님의 지도를 받으면서 하고 스님과 인연이 닿지 않으면 반드시 생활 환경과 가까운 사찰을 정하여 정기 법회에 참석하며 신행 생활을 병행하도록 한다.

금강경 기도하는 방법

- 독송하기 전 경전을 단 위에 놓는다.
  경상이나 작은 상 또는 깨끗한 보

- 봉투에 시주금을 넣어 단 위에 놓는다.
  금액은 중요하지 않으며 기도를 마치고
  사찰에 시주하거나 좋은 일에 사용한다.

- 26쪽 '금강경 독송 입재 서원문'을 독송하기 전
  에 먼저 큰절 삼 배를 한다.
  몸이 불편하거나 절하기 어려운 경우에는
  합장으로 대신한다.

- 28쪽 '독송 전前 선행 의식'을 시작으로 본문을
  독송하고 139쪽 '회향 발원문'을 읽은 다음 삼
  배를 하고 마친다. 독송 중 마치고자 할 때는 '열 가
  지 악업을 참회함 – 회향 발원문'을 읽고 마쳐도 된다.

- 진한 검정색 글씨는 읽고 흐린 글씨는 읽지 않
  는다.

참선 · 기도 · 독송 · 신행하는 금강경

수보리 존자가 묻는다.

"세존이시여,

한 치 앞을 알 수 없어 고통스럽고 괴로운 이 삶에서 벗어나고자 보살의 마음을 낸 이들이 일상의 삶에서 평안과 행복을 얻고 궁극으로는 아누다라 삼먁삼보리라는 최상의 깨달음을 성취하고자 한다면 어떻게 이 몸과 마음을 다스려야 하며 어떻게 살아야 하는지요?"

부처님은 거듭거듭 자세하고 간절하게 설명한다.

"나에 대한 집착我想, 개아에 대한 집착人相, 중생존재에 대한 집착衆生相, 수자영혼에 대한 집착壽者

相이 곧 괴로움苦이니 일체의 모든 관념四相을 버려라! 버린다는 생각 또한 버려라! "

금강경은 자신의 몸과 마음을 잘 다스리고 훈련하여 아누다라삼먁삼보리를 얻기 위한 붓다의 혁명적인 설명서이다.

따라서 본 금강경은 읽고 독송만 하는 주술적 용도로써의 금강경이 아니라 부처님께 직접 질문하고 답을 듣는 담론의 형태를 빌어 자신을 조견照見하고 개별적 존재인 스스로가 겪고 있는 문제의 근원을 알고 지금 바로 행복함이 그 목적이다.

즉, 부처님과 나누는 문답의 길을 따라 걷다 보면 나, 너, 그리고 우리는 몸과 마음을 어떻게 사용하면 되는지를 익히게 되리라.

결국 우리는 금강경이 안내하는 기저에서 붓다의

근본 가르침인 사성제 · 팔정도 · 육바라밀을 만날 수밖에 없다.

본 금강경 편집의 특징은 다음과 같다.

⊙ 내용 면에서는 가능한 일상의 상용 언어로 불자뿐만 아니라 금강경에 관심 있는 일반 독자 누구나가 '읽거나 사경하기 쉽고, 기도하기 쉽고, 이해하기 쉽게' 문맥과 가독성의 자연스러움에 초점을 두었다.

⊙ 형식 면에서는 독송 전前 의식부터 마치는 회향 발원까지 기도를 위한 예경 의식을 갖추었다.

⊙ 부처님과 수보리 존자가 주고받는 문답글과 아난 존자의 설명글은 글씨체로 구분하여 보고 읽는 이들이 조금 더 쉽게 이해할 수 있도록 하였다.

⊙ 총 32분의 금강경을 각 분마다 대화의 내용에 따라 구句로 구분하여 나누었다.

⊙ 금강경을 처음 대하는 이거나 초보 불자의 이해를 돕기 위해 금강경經典이 출현하게 되는 배경을 152쪽에 팩션Faction으로 구성하였다.

⊙ 불경 편찬의 시기별 약식 연감을 수록하여 부처님 열반 이후 2600여 년의 장구한 시간의 흐름 속에서 상좌부의 빠알리어 경전과 대승불교의 한역 경전들이 어떻게 전승되어 왔는지 이해를 돕고자 간략하게나마 내용을 보태었다.

모쪼록 이토록 귀하고 소중한 붓다의 가르침인 금강경을 주변 사람들과 함께 읽고 배우고 익히는 대승보살이 되어 일주일에 한 번 또는 한 달에 한 번만이라도 두 명 혹은 세 명, 또는 네다섯 명이 모여 기도하며 독송하자.

그러다 보면 스스로가 선남자 선여인보살이 되어
무시로 아누다라삼먁삼보리로 나아가리라.

* 기도는 기도하는 목적과 기간을 정해서 하며 기
  도의 기간은 각자의 상황에 따라 3일, 7일, 21
  일, 49일, 100일 기도를 하면 된다.

* 기도는 입재시작와 회향마침을 정해서 한다.

[금강경 독송]

금강경 독송 입재 서원문

시방 삼세 부처님과 팔만사천 큰법보와
보살 성문 스님들께 지성 귀의하옵나니
자비하신 원력으로 굽어살펴 주옵소서.

제가 지금 금강반야바라밀경을 독송하며
진실한 마음과 정성으로 서원하옵나니

시작 모를 옛적부터
탐내고 성내는 어리석은 성품으로
선근 공덕 외면하고 온갖 업장 쌓아온
과거 현재 미래를 일심으로 참회하옵니다.

바라옵건대
부처님이 이끄시고 문수 보현보살님과
관음 지장보살님이 살피셔서

육바라밀 실천하는 대승보살 되어
삼라만상 모든 곳을 장엄하게 하옵소서.

이러한 서원 공덕으로
부모 형제를 비롯한 일가친척과
과거 현재 미래로 이어지는
인연들의 모든 소망이 성취되고

선망 조상님과 유주무주의 일체 고혼들이
극락세계에 왕생하시옵고
마침내는
제불 보살님의 가피와 영험으로
아누다라삼먁삼보리를 성취하고
열반에 이르게 하여지이다.

나무석가모니불
나무석가모니불
나무시아본사 석가모니불

독송 전前 선행 의식

금강경을 독송하기에 앞서 하는 의식

구업을 맑히는 진언

정구업 진언淨口業眞言

수리수리 마하수리 수수리 사바하 세 번

오방내외 모든 신을 안위하는 진언

오방내외안위제신 진언五方內外安慰諸神眞言

나무 사만다 못다남
옴 도로도로 지미사바하 세 번

경전을 펴는 게송

개경게開經偈

가장 높고 미묘하고 깊고 깊은 부처님 법
백천만겁 지나도록 만나 뵙기 어려워라.
다행히도 제가 지금 듣고 모셔 지니오니
부처님의 진실한 뜻 알게 하여 주옵소서.

참다운 법 여는 진언

개법장 진언開法藏眞言

옴 아라남 아라다 _{세 번}

나무 금강반야바라밀경
나무 금강반야바라밀경
나무 금강반야바라밀경

아난 존자가 말씀하셨습니다.

"오늘은 부처님께서 코살라국 사위성의 기수급 고
독원에서 설하신 금강반야바라밀 법회의 가르침을
암송하겠습니다."

제 1 금강경을 설하는 인연

법회인유분法會因由分

1-1 이와 같이 저는 들었습니다.

어느 날 부처님께서 사위성의 기수급고독원에서
천이백오십 명의 비구와 비구니 우바새 우바이가
함께 계셨습니다.

如是我聞 一時 佛在舍衛國祇樹給孤獨園 與大比丘衆 千二百
五十人俱

1-2 그때 세존께서는 공양 시간이 되자 가사를 입으시고 발우를 들고 대중과 함께 탁발을 하기 위해 사위성으로 들어가셨습니다.

爾時 世尊食時 著衣持鉢 入舍衛大城乞食

1-3 탁발을 마치고 기원정사로 돌아오셔서 공양을 마치신 후 가사와 발우를 바르게 정돈하여 거두고 발을 씻으신 다음 자리를 펴고 앉으셨습니다.

於其城中 次第乞已 還至本處 飯食訖 收衣鉢 洗足已
敷座而坐

제 2 수보리 존자가 가르침을 청하다

선현기청분善現起請分

2-1 그때 대중 가운데 앉아 계시던 장로 수보리 존자께서 자리에서 일어나 가사를 여미며 오른쪽 어깨를 드러내고 오른쪽 무릎을 바닥에 꿇고 공손히 합장하고 부처님께 여쭈었습니다.

時 長老須菩提 在大衆中 卽從座起 偏袒右肩 右膝著地 合掌
恭敬 而白佛言

2-2 "참으로 드물고 존귀하신 세존이시여, 여래께서는 언제나 모든 보살을 잘 살피시고 또한 보살을 세심한 당부로 격려해주십니다."

希有世尊 如來善護念諸菩薩 善付囑諸菩薩

2-3 "세존이시여, 보살의 삶을 살고자 하는 선남자 선여인이 아누다라삼먁삼보리를 얻고자 한다면 어떻게 살아야 하며 어떻게 그 마음을 다스려야 하는 것입니까?"

世尊 善男子善女人 發阿耨多羅三藐三菩提心 應云何住 云何降伏基心

2-4 그러자 부처님께서 수보리 존자에게 말씀하셨습니다.

"참으로 거룩하구나, 수보리여. 그대의 말과 같이 여래는 보살을 잘 살피고 세심한 당부로 격려해준다. 그러니 수보리와 대중은 자세히 들어라.

보살의 삶을 살고자 하는 선남자 선여인들이 아누다라삼먁삼보리를 얻고자 한다면 마땅히 이와 같이 살아야 하며 이와 같이 그 마음을 다스려야 하느니라."

佛言 善哉善哉 須菩提 如汝所說 如來 善護念諸菩薩 善付囑 諸菩薩 汝今諦請 當爲汝說 善男子善女人 發阿耨多羅三藐三 菩提心 應如是住 如是降伏其心

2-5 그러자 수보리 존자가 '예. 세존이시여, 기쁜 마음으로 듣고자 하옵니다.' 하였습니다.

唯然世尊 願樂欲聞

제 3 대승보살의 삶
대승정종분大乘正宗分

3-1 부처님께서 수보리 존자에게 말씀하셨습니다.

**"모든 보살마하살은 마땅히 다음과 같이
그 마음을 다스려야 하느니라."**

佛告須菩提 諸菩薩摩訶薩 應如是降伏其心

3-2 "세상에 존재하는 중생들 즉 알에서 태어난 것이든 태에서 태어난 것이든 습기에서 태어난 것이든 변화하여 태어난 것이든 몸이 있는 것이든 몸이 없는 것이든 생각이 있는 것이든 생각이 없는 것이든 생각이 있는 것도 아니고 없는 것도 아닌 것이든 내가 이 모든 중생들을 남김없이 열반의 세계로 인도하리라."

所有一切衆生之類 若卵生 若胎生 若濕生 若化生 若有色 若無色 若有想 若無想 若非有想非無想 我皆令入無餘涅槃 而滅度之

3-3 "하지만 이같이 헤아릴 수 없고 끝없는 중생들을 제도하여 열반의 세계로 인도하였더라도 실로 나로 인하여 제도 되었거나 열반으로 인도된 중생들은 아무도 없느니라."

如是滅度無量無數無邊衆生 實無衆生得滅度者

3-4 **"왜 그런가 하면 수보리여, 만약 보살이 '중생'이라는 관념을 가지면 그는 진실로 보살이라 할 수 없기 때문이다. 또한 보살에게 아상·인상·중생상·수자상이 있다고 한다면 그를 보살이라 할 수 없느니라."**

何以故 須菩提 若菩薩 有我相 人相 衆生相 壽者相
卽非菩薩

상相saṃjñā : 고정된 관념, 고정된 견해, 고정된 개념,
　　　　　고정된 생각

제 4 집착 없는 보시의 복덕

묘행무주분妙行無住分

4-1 **"그러므로 수보리여, 보살은 생각이 나 법에 집착하지 말아야 하며 어느 것 에도 머무는 바가 없이 보시해야 하느니 라."**

復次須菩提 菩薩於法 應無所住 行於布施

4-2 "이를테면 형색에 집착 없이 보시해야 하며 소리나 냄새나 맛이나 감촉이나 마음의 대상에 집착 없이 보시해야 한다. 수보리여, 보살은 반드시 이같이 대상에 대한 생각이나 분별에 머물거나 집착 없이 보시해야 하느니라."

所謂不住色布施 不住聲香味觸法布施 須菩提 菩薩應如是布施 不住於相

4-3 "왜냐하면 보살이 생각이나 견해에 집착 없이 보시한다면 그 복덕은 가히 헤아릴 수가 없기 때문이니라."

何以故 若菩薩不住相布施 其福德不可思量

4-4 "수보리여, 그대의 생각은 어떠한가? 동쪽 허공의 크기를 헤아릴 수가 있겠느냐?"

"헤아릴 수가 없습니다, 세존이시여."

須菩提 於意云何 東方虛空 可思量不 佛也世尊

4-5 "그렇다면 수보리여, 남서 북방과 서북 서남 동북 동남과 아래위 허공의 크기를 헤아릴 수가 있겠느냐?"

"헤아릴 수가 없습니다, 세존이시여."

須菩提 南西北方 四維上下虛空 可思量不 佛也世尊

4-6 "수보리여, 보살이 생각이나 분별에 사로잡히지 않고 집착 없이 하는 보시의 복덕 또한 이같이 헤아릴 수가 없느니라. 그러므로 수보리여, 보살은 이처럼 생각에 집착함이 없이 가르친 대로 살아야 하느니라."

須菩提 菩薩無住相布施福德 亦復如是 不可思量 須菩提 菩薩
但應如所教住

제 5 형상은 참이 아니다

여리실견분如理實見分

5-1 "수보리여, 그대의 생각은 어떠한가? 여래를 상징하는 서른두 가지의 신체적 특징으로 여래라 할 수 있겠느냐?"

須菩提 於意云何 可以身相 見如來不

5-2 "할 수가 없습니다, 세존이시여. 신체적 특징을 가지고 여래라 할 수가 없습니다.

왜냐하면 여래께서 신체적 특징이라 말씀하신 것은 곧 어떤 특징도 가지고 있지 않다는 뜻이기 때문입니다."

不也世尊 不可以身相 得見如來 何以故 如來所說身相 卽非身相

5-3 부처님께서 수보리 존자에게 말씀하셨습니다.

"무릇 형상이 있는 것은 모두가 허망한 것이니 만약 형상이 있거나 없거나 이것이 참모습이 아닌 줄 안다면 곧 여래를 보리라."

佛告須菩提 凡所有相 皆是虛妄 若見諸相非相 則見如來

서른두 가지의 신체적 특징 : 32상 80종호

제 6 진리를 구하는 사람은 언제나 있다

정신희유분正信希有分

6-1 수보리 존자가 부처님께 사뢰었습니다.

"세존이시여, 이와 같은 말씀을 듣고 진실한 믿음을 내는 중생들이 있겠습니까?"

須菩提白佛言 世尊 頗有衆生 得聞如是言說章句 生實信不

6-2 부처님께서 수보리 존자에게 말씀하셨습니다.

"수보리여, 그렇게 말하지 말라. 여래가 열반에 든 후 오백 년이 지난 뒤에라도 계율을 지키고 복을 닦는 보살들이 있을 것이니 이들은 이러한 가르침에 진실한 믿음으로 따를 것이니라."

佛告須菩提 莫作是說 如來滅後 後五百歲 有持戒修福者 於此 章句 能生信心 以此爲實

6-3 "그리고 그대들은 마땅히 알아야 한 다. 이 사람들은 이미 한 부처님이나 두 부처님이나 셋 넷 다섯의 부처님들께만 선근 공덕을 심은 것이 아니라 이미 한 량없는 부처님들께 온갖 선근을 심은 까 닭에 이 가르침을 잠시라도 듣게 된다면 깨끗하고 청정한 믿음을 내게 되는 것이 니라."

當知是人 不於一佛二佛三四五佛 而種善根 已於無量 千萬佛 所 種諸善根 聞是章句 乃至一念 生淨信者

6-4 "수보리여, 여래는 이러한 중생들이 한량없는 복덕을 쌓고 얻으리라는 것을 이미 붓다의 눈으로 다 보고 있으며 붓 다의 지혜로 다 알고 있느니라."

須菩提 如來悉知悉見 是諸衆生 得如是無量福德

6-5 "왜냐하면 이러한 중생들에게는 다 시는 아상·인상·중생상·수자상이 없 을 것이며 또한 법이라는 생각도 법이 아니라는 생각도 없기 때문이니라."

何以故 是諸衆生 無復我相人相衆生相壽者相 無法相 亦無非 法相

6-6 **"왜 그런가 하면 중생들이 만약 마음에 고정된 생각이나 견해를 가진다면 이는 곧 아상·인상·중생상·수자상에 집착하는 것이며 법이라는 고정된 생각이나 견해를 가지는 것 역시 아상·인상·중생상·수자상에 집착하는 것이기 때문이니라."**

何以故 是諸衆生 若心取相 則爲着我人衆生壽者 若取法相 卽着我人衆生壽者

6-7 **"또한 법이 아니라는 고정된 생각을 가져도 아상·인상·중생상·수자상에 집착하는 것이니 마땅히 법이라는 생각에 집착해서도 안 되고 법이 아니라는 생각에 집착해서도 안 되느니라."**

何以故 若取非法相 卽着我人衆生壽者 是故 不應取法 不應取非法

6-8 **"이런 까닭에 여래는 늘 설하였다. 그대 비구들이여, 나의 설법은 마치 뗏 목과 같음을 알라. 법도 버려야 하거늘 하물며 법 아닌 것은 더 말해 무엇하겠 는가?"**

以是義故 如來常說 汝等比丘 知我說法 如筏喻者 法尚應捨 何況非法

7-1 **"수보리여, 그대의 생각은 어떠한가? 여래는 아누다라삼먁삼보리를 얻었느냐? 여래가 설한 법이 있느냐?"**

須菩提 於意云何 如來得阿耨多羅三藐三菩提耶 如來有所說法耶

7-2 수보리 존자가 사뢰었습니다.

"제가 부처님께서 말씀하신 뜻을 이해하기로
는 아누다라삼먁삼보리라 정해진 그런 법은
없으며 여래께서 설한 정해진 법 또한 없습
니다."

須菩提言 如我解佛所說義 無有定法名阿耨多羅三藐三菩提
亦無有定法如來可說

7-3 "무슨 까닭인가 하면 여래께서 설한 법
이라는 것은 가히 가질 수도 없고 말로써 표
현할 수도 없는 것이며 법도 아니며 법 아닌
것도 아닙니다."

何以故 如來所說法 皆不可取 不可說 非法 非非法

7-4 "그런 까닭에 모든 성인과 현자들은 있
는 그대로 무위법 드러낼 뿐입니다."

所以者何 一切賢聖 皆以無爲法 而有差別

제 8 이 가르침이 곧 깨달음이다
의법출생분依法出生分

8-1 **"수보리여, 그대의 생각은 어떠한가? 만약 어떤 사람이 삼천대천세계를 칠보로 가득 채워서 보시한다면 이 사람이 얻는 복덕은 얼마나 많겠느냐?"**

須菩提 於意云何 若人 滿三千大千世界七寶 利用布施 是人
所得福德 寧爲多不

8-2 수보리 존자가 대답하였습니다.

"매우 많습니다, 세존이시여. 왜냐하면 이 복덕은 복덕의 본질이 아닌 까닭에 여래께서는 복덕이 많다고 하신 것입니다."

須菩提言 甚多世尊 何以故 是福德 卽非福德性 是故如來說福德多

8-3 "수보리여, 만약 또 어떤 사람이 이 가르침 가운데서 사구게만이라도 항상 읽고 배우고 익히면서 다른 사람들에게 설명해준다면 이 복덕은 저 복덕보다도 더욱 클 것이다."

若不有人 於此經中 受持乃至四句偈等 爲他人說 其福勝彼

8-4 "왜 그런가 하면 수보리여, 모든 부처님과 그 부처님들께서 이루신 아누다라삼먁삼보리의 법이 모두 이 가르침으로부터 나왔기 때문이니라."

何以故 須菩提 一切諸佛 及諸佛阿耨多羅三藐三菩提法 皆從此經出

8-5 "수보리여, 이른바 부처의 가르침이라고 말하는 것 또한 부처의 가르침이 아니니라."

須菩提 所謂佛法者 卽非佛法

제 9 깨달음에는 모습이 없다

일상무상분—相無相分

9-1 **"수보리여, 그대는 어떻게 생각하느 냐? 수다원이 스스로 생각하기를 '나는 수다원의 경지를 얻었다.' 생각하겠느 냐?"**

須菩提 於意云何 須陁洹 能作是念 我得須陁洹果不

9-2 수보리 존자가 대답하였습니다.

"아니옵니다, 세존이시여. 왜냐하면 수다원은 '성자의 흐름에 든 자'라 불리지만 실제로는 들어간 바가 없습니다. 수다원은 형색이나 소리나 냄새나 맛이나 감촉이나 마음의 대상 그 어디에도 집착함이 없기에 이를 일러 수다원이라 하는 것입니다."

須菩提言 不也世尊 何以故 須陁洹 名爲入流 而無所入 不入色聲香味觸法 是名須陁洹

9-3 "수보리여, 그대는 어떻게 생각하느냐? 사다함이 스스로 생각하기를 '나는 사다함의 경지를 얻었다.' 생각하겠느냐?"

須菩提 於意云何 斯陁含 能作是念 我得斯陁含果不

9-4 수보리 존자가 대답하였습니다.

"아니옵니다, 세존이시여. 왜냐하면 사다함은 '한 번만 돌아올 자'라 불리지만 실제로는 갔다 옴이 없기에 이를 일러 사다함이라 하는 것입니다."

須菩提言 不也世尊 何以故 斯陀含 名一往來 而實無往來 是名斯陀含

9-5 "수보리여, 그대는 어떻게 생각하느냐? 아나함이 스스로 생각하기를 '나는 아나함의 경지를 얻었다.' 생각하겠느냐?"

須菩提 於意云何 阿那含 能作是念 我得阿那含果不

9-6 수보리 존자가 대답하였습니다.

"아니옵니다, 세존이시여. 왜냐하면 아나함
은 '다시 오지 않을 자'라 불리지만 실제로는
오지 않음이 없기에 이를 일러 아나함이라
하는 것입니다."

須菩提言 不也世尊 何以故 阿那含 名爲不來 而實無不來 是
故 名阿那含

9-7 "수보리여, 그대는 어떻게 생각하느
냐? 아라한이 스스로 생각하기를 '나는
아라한의 경지를 얻었다.' 생각하겠느
냐?"

須菩提 於意云何 阿羅漢 能作是念 我得阿羅漢道不

9-8 수보리 존자가 대답하였습니다.

"아니옵니다, 세존이시여. 왜냐하면 아라한
이라 일컬을 어떠한 법이 없기 때문입니다.
만약 아라한이 '나는 아라한의 도를 얻었다.'
라고 생각한다면 이는 곧 아상·인상·중생
상·수자상에 집착하는 것입니다."

須菩提言 不也世尊 何以故 實無有法名阿羅漢 世尊 若阿羅漢
作是念 我得阿羅漢道 卽爲着我人衆生壽者

9-9 "세존이시여, 부처님께서는 제가 마음의
평화를 얻은 사람 가운데 가장 뛰어나며 욕
망을 여읜 최고의 아라한이라고 말씀하셨습
니다. 하지만 저는 '나는 욕망을 모두 여읜
아라한이다.'라는 생각을 하지 않습니다."

世尊 佛說我得無諍三昧人中 最爲第一 是第一離欲阿羅漢 我
不作是念 我是離欲阿羅漢

9-10 "세존이시여, 제가 만약 '나는 아라한의 경지를 얻었다.'라고 생각한다면 세존께서는 수보리는 '아란나행을 즐기는 이'라고 말씀 하시지 않았을 것입니다. 수보리는 그 어디 에도 머무는 바가 실로 없기에 '아란나행을 즐기는 이'라고 하신 것입니다."

世尊 我若作是念 我得阿羅漢道 世尊則不說 須菩提是樂阿蘭
那行者 以須菩提實無所行 而名須菩提 是樂阿蘭那行

제 10 깨달음의 세계를 꾸민다

장엄정토분莊嚴淨土分

10-1 부처님께서 수보리 존자에게 말씀하셨습니다.

"수보리여, 그대의 생각은 어떠한가? 여래가 옛날 연등부처님이 계신 곳에서 얻은 법이 있느냐?"

佛告須菩提 於意云何 如來 昔在然燈佛所 於法有所得不

10-2 "없습니다, 세존이시여. 여래께서는 연등부처님이 계신 곳에서 얻은 법이 진실로 없습니다."

不也世尊 如來在然燈佛所 於法實無所得

10-3 "수보리여, 그대의 생각은 어떠한가? 보살이 불국토를 아름답게 꾸미느냐?"

須菩提 於意云何 菩薩 莊嚴佛土不

10-4 "그렇지 않습니다, 세존이시여. 왜냐하면 불국토를 아름답게 꾸민다는 것은 꾸미는 것이 아니기에 이를 일러 꾸민다고 하는 것입니다."

不也世尊 何以故 莊嚴佛土者 則非莊嚴 是名莊嚴

10-5 그러자 부처님께서 수보리 존자에게 말씀하셨습니다.

"그러므로 수보리여, 모든 보살마하살은 반드시 이와 같이 깨끗한 마음을 내어야 하느니라.

마땅히 형색에 집착하지 말아야 하며 소리나 냄새나 맛이나 감촉이나 의식 그 어디에도 집착 없는 마음을 내어야 하느니라."

是故 須菩提 諸菩薩摩訶薩 應如是生淸淨心 不應住色生心 不應住聲香味觸法生心 應無所住 而生其心

10-6 "수보리여, 비유하건대 어떤 사람의 몸이 산들의 왕인 수미산만 하다면 그대는 어떻게 생각하느냐? 그 몸을 크다고 할 수 있겠느냐?"

須菩提 譬如有人 身如須彌山王 於意云何 是身爲大不

10-7 수보리 존자가 대답하였습니다.

"매우 클 것입니다, 세존이시여. 왜냐하면 부처님께서는 큰 몸은 큰 몸이 아니기에 이를 일러 큰 몸이라고 말씀하셨기 때문입니다."

須菩提言 甚大世尊 何以故 佛說非身 是名大身

제 11 무위의 복은 수승하다

무위복승분 無爲福勝分

11-1 **"수보리여, 갠지스강에 있는 모래알 만큼 많은 갠지스강들이 있다고 한다면 그대의 생각은 어떠한가? 이 모든 갠지스강의 모래를 많다고 하겠느냐?"**

須菩提 如恒河中所有沙數 如是沙等恒河 於意云何 是諸恒河 沙 寧爲多不

11-2 수보리 존자가 대답하였습니다.

"아주 많습니다, 세존이시여. 갠지스강만으로도 헤아릴 수 없이 많을 텐데 하물며 그 강들에 있는 모래알의 수를 말할 수가 있겠습니까."

須菩提言 甚多世尊 但諸恒河 尙多無數 何況其沙

11-3 "수보리여, 내가 지금 진실한 말로 그대에게 말하노니 만약 선남자 선여인이 갠지스강의 모래알만큼이나 많은 삼천대천세계를 칠보로 가득 채워서 보시한다면 얻는 복덕이 많겠느냐?"

須菩提 我今實言告汝 若有善男子善女人 以七寶滿爾所恒河沙數三千大千世界 以用布施 得福多不

11-4 수보리 존자가 대답하였습니다.

"참으로 많을 것입니다, 세존이시여."

須菩提言 甚多世尊

11-5 그러자 부처님께서 수보리 존자에게 말씀하셨습니다.

"만약 선남자 선여인이 이 가르침 가운데서 사구게만이라도 항상 읽고 배우고 익히면서 다른 사람들에게 설명해준다면 이 복덕은 앞의 복덕보다도 더욱 클 것이니라."

佛告須菩提 若善男子善女人 於此經中 乃至受持四句偈等 爲他人說 而此福德 勝前福德

제 12 바른 가르침이 곧 법이다

존중정교분尊重正教分

12-1 **"또한 수보리여, 이 가르침이나 사구게를 설하는 곳은 그곳이 어디든 모든 세간과 천신과 인간과 아수라가 기꺼이 부처님께서 계시는 것과 같이 공양해야 할 것이거늘 하물며 어떤 사람이 이 가르침을 항상 읽고 배우고 익힌다면 더 말해 무엇하겠는가."**

復次須菩提 隨說是經 乃至四句偈等 當知此處 一切世間天人
阿修羅 皆應供養 如佛塔廟 何況有人盡能受持讀誦

12-2 **"수보리여, 마땅히 알아라. 이 사람은 가장 뛰어나며 드물고 귀한 법을 성취하게 될 것이니 이 가르침이 있는 곳은 곧 부처님과 존경받는 제자들이 함께 있는 것과 같으니라."**

須菩提 當知是人成就最上第一希有之法 若是經典所在之處
則爲有佛若尊重弟子

제 13 금강반야바라밀경이라 하라

여법수지분如法受持分

13-1 그때 수보리 존자가 부처님께 여쭈었습니다.

"세존이시여, 이 가르침을 무엇이라 불러야 하며 저희들은 어떻게 받들어 지녀야 하옵니까?"

爾時 須菩提白佛言 世尊 當何名此經 我等云何奉持

13-2 부처님께서 수보리 존자에게 말씀하셨습니다.

**"앞으로 그대들은 이 가르침을 '금강반
야바라밀경'이라는 이름으로 부르며 이
이름으로 받들어 지녀라. 왜냐하면 수보
리여, 여래가 설한 반야바라밀은 반야바
라밀이 아닌 까닭에 반야바라밀이라 일
컫는 것이니라."**

佛告須菩提 是經名爲金剛般若波羅蜜 以是名字 汝當奉持 所
以者何 須菩提 佛說般若波羅蜜 則非般若波羅蜜 是名般若波
羅蜜

**13-3 "수보리여, 그대는 어떻게 생각하느
냐? 여래가 설한 법이 있느냐?"**

須菩提 於意云何 如來有所說法不

13-4 수보리 존자가 부처님께 사뢰었습니다.

"세존이시여, 여래께서는 설한 법이 없습니다."

須菩提白佛言 世尊 如來無所說

13-5 "수보리여, 그대의 생각은 어떠한가? 삼천대천세계를 이루고 있는 티끌을 많다고 하겠느냐?"

須菩提 於意云何 三千大千世界 所有微塵 是爲多不

13-6 수보리 존자가 대답하였습니다.

"아주 많습니다, 세존이시여."

須菩提言 甚多世尊

13-7 세존께서 다시 말씀하셨습니다.

"수보리여, 여래는 이 모든 티끌을 티끌

이 아니라 단지 그 이름을 티끌이라고 말하는 것이니라. 여래는 세계도 세계가 아니라 단지 그 이름을 세계라고 말하는 것이다."

須菩提 諸微塵 如來說非微塵 是名微塵 如來說世界 非世界 是名世界

13-8 "수보리여, 그대의 생각은 어떠한가? 삼십이상으로 여래를 볼 수 있겠느냐?"

須菩提 於意云何 可以三十二相 見如來不

13-9 수보리 존자가 사뢰었습니다.

"볼 수 없습니다, 세존이시여. 삼십이상으로는 여래를 볼 수가 없습니다. 왜냐하면 여래께서 말씀하시길 삼십이상은 삼십이상이 아니라 그 이름을 삼십이상이라 하기 때문입니다."

不也世尊 不可以三十二相 得見如來 何以故 如來說三十二相
卽是非相 是名三十二相

13-10 부처님께서 수보리 존자에게 말씀하셨습니다.

"수보리여, 만약 선남자 선여인이 갠지
스강의 모래알만큼 많은 목숨을 보시한
다고 하자. 또 어떤 사람은 이 경의 가
르침 가운데서 사구게만이라도 항상 읽
고 배우고 익히면서 다른 사람들에게 설
명해준다면 이 사람의 복덕은 앞의 복덕
보다도 훨씬 더 클 것이니라."

須菩提 若有善男子善女人 以恒河沙等身命布施 若復有人 於
此經中 乃至受持四句偈等 爲他人說 其福甚多

이상적멸분離相寂滅分

14-1 이때 수보리 존자가 금강반야바라밀경의 가르침을 깊이 이해하고 감격의 눈물을 흘리면서 부처님께 사뢰었습니다.

爾時 須菩提 聞說是經 深解義趣 涕淚悲泣 而白佛言

14-2 "참으로 드물고 존귀하신 세존이시여, 부처님께서 설하시는 이토록 깊고 깊은 가르침은 제가 옛적부터 지금껏 닦아 얻은 지혜의 눈으로도 일찍이 들은 적이 없습니다."

希有世尊 佛說如是甚深經典 我從昔來所得慧眼 未曾得聞如是之經

14-3 "세존이시여, 만약 또 어떤 사람이 이 가르침을 듣고 청정한 믿음이 생긴다면 곧 참된 실상을 깨달을 것이니 이 사람은 세상에서 가장 드물고 귀한 공덕을 성취할 것입니다."

世尊 若復有人 得聞是經 信心淸淨 則生實相 當知是人 成就第一希有功德

14-4 "세존이시여, 참된 모습이라고 하는 것은 곧 참된 모습이 아닌 까닭에 여래께서는 참된 모습이라고 설하셨습니다."

世尊 是實相者 則是非相 是故 如來說名實相

14-5 "세존이시여, 제가 지금 이 경의 가르침을 듣고서 깊은 믿음으로 항상 읽고 배우고 익히는 것은 어렵지 않습니다. 하지만 오백 년의 세월이 지난 먼 훗날 어떤 중생이 이 가르침을 듣고 깊은 믿음으로 이해하고 항상 읽고 배우고 익힌다면 이 사람은 가장 드물고 귀한 사람이 될 것입니다."

世尊 我今得聞如是經典 信解受持 不足爲難 若當來世 後五百歲 其有衆生 得聞是經 信解受持 是人則爲第一希有

14-6 "왜 그런가 하면 이 사람에게는 아 ·
인 · 중생 · 수자라는 상이 없기 때문입니다.
무슨 까닭인가 하면 아상은 곧 상이 아니며
인상 · 중생상 · 수자상 또한 상이 아니기 때
문입니다. 왜냐하면 모든 상에서 벗어난 사
람을 일러 부처라 하기 때문입니다."

何以故 此人無我相人相衆生相壽者相 所以者何 我相卽是非
相 人相衆生相壽者相卽是非相 何以故 離一切諸相 則名諸佛

14-7 부처님께서 수보리 존자에게 말씀하셨습니다.

"그러하고 그러하다. 만약 또 어떤 사람
이 이 가르침을 듣고 잘 새겨서 이해한
다면 놀라지도 않고 두려워하지도 않을
것이며 무서워하지도 않게 될 것이니 이
사람은 매우 드물고 귀한 사람이니라."

佛告須菩提 如是如是 若復有人 得聞是經 不驚不怖不畏 當知
是人 甚爲希有

14-8 "왜 그런가 하면 수보리여, 여래가 설하는 최고의 바라밀은 최고의 바라밀이 아니라 그 이름을 최고의 바라밀이라고 말하기 때문이니라."

何以故 須菩提 如來說第一波羅蜜 非第一波羅蜜 是名第一波羅蜜

14-9 "수보리여, 여래는 인욕바라밀도 인욕바라밀이 아니라고 설하였느니라. 무슨 까닭인가 하면 수보리여, 그것은 내가 먼 옛날 가리왕에게 온몸 마디마디마다 베임을 당하던 그때도 나는 아상이 없었고 인상이 없었고 중생상이 없었고 수자상이 없었다. 무슨 뜻인가 하면 나의 사지 마디마디가 잘리고 베이던 그때 만약 나에게 아상·인상·중생상·수자상이 있었다면 나는 분명히 성내고 원망하는 마음을 내었을 것이니라."

須菩提 忍辱波羅蜜 如來說非忍辱波羅蜜 何以故 須菩提 如我
昔爲歌利王 割截身體 我於爾時 無我相 無人相 無衆生相 無
壽者相 何以故 我於往昔節節支解時 若有我相人相衆生相壽
者相 應生瞋恨

14-10 "수보리여, 여래가 과거 오백 생
동안 인욕 수행자였을 때를 기억해보아
도 그때도 역시 아상이 없었고 인상이
없었고 중생상이 없었고 수자상이 없었
느니라."

須菩提 又念過去於五百世 作忍辱仙人 於爾所世 無我相 無人
相 無衆生相 無壽者相

14-11 "그러므로 수보리여, 보살은 마땅
히 모든 상에서 벗어나 아누다라삼먁삼
보리의 마음을 내어야 한다. 즉 형색에
집착 없는 마음을 내어야 하며 소리 냄
새 맛 감촉 마음의 대상 그 어디에도 집
착 없는 마음을 내어야 한다."

是故 須菩提 菩薩 應離一切相 發阿耨多羅三藐三菩提心 不應
住色生心 不應住聲香味觸法生心 應生無所住心

14-12 "만약 마음에 집착이 있다면 즉시 버려야 한다. 이런 까닭에 여래는 보살에게 형색에 집착 없는 마음으로 보시를 해야 한다고 설하는 것이니라.

若心有住 則爲非住 是故 佛說菩薩 心不應住色布施

14-13 "수보리여, 보살이 모든 중생을 이익 되게 한다는 것은 이같이 보시하는 것이니라."

須菩提 菩薩 爲利益一切衆生 應如是布施

14-14 "여래는 모든 상은 곧 상이 아니라 설하며 모든 중생 또한 중생이 아니라고 설한다."

如來說一切諸相 卽是非相 又說一切衆生 卽非衆生

14-15 "수보리여, 여래는 바른말을 하는 이며 참된 말을 하는 이며 이치에 맞는 말을 하는 이며 속임 없는 말을 하는 이며 사실대로 말하는 이니라. 수보리여, 그래서 여래가 얻은 법에는 진실도 없고 거짓도 없다."

須菩提 如來是眞語者 實語者 如語者 不誑語者 不異語者 須菩提 如來所得法 此法無實無虛

14-16 "수보리여, 보살이 대상에 집착하는 마음으로 보시를 하는 것은 마치 사람이 어두운 곳에 들어가면 아무것도 보지 못하는 것과 같으며 보살이 대상에 집착 없는 마음으로 보시를 하는 것은 마치 사람이 밝은 햇빛에서 갖가지 드러난 형색을 보는 것과 같으니라."

須菩提 若菩薩 心住於法 而行布施 如人入闇 則無所見 若菩薩 心不住法 而行布施 如人有目 日光明照 見種種色

14-17 **"수보리여, 미래세에 선남자 선여인이 이 경을 항상 읽고 배우고 익힌다면 여래는 깨달음의 지혜로 이 사람들 모두가 헤아릴 수 없이 한량없는 공덕을 성취하게 되리라는 것을 이미 다 보아서 알고 있느니라."**

須菩提 當來之世 若有善男子善女人 能於此經 受持讀誦 則爲 如來 以佛智慧 悉知是人 悉見是人 皆得成就無量無邊功德

제 15 금강경의 공덕은 한량없다
지경공덕분 持經功德分

15-1 **"수보리여, 선남자 선여인이 아침에 갠지스강의 모래알만큼 많은 몸으로 보시하고 낮에 갠지스강의 모래알만큼 많은 몸으로 보시하고 저녁에 갠지스강의 모래알만큼 많은 몸으로 보시하고 매일 매일 이같이 헤아릴 수 없는 백천만억 겁의 세월 동안 많은 몸으로 보시한다고 하자.**

그리고 또 어떤 선남자 선여인이 이 가르침을 듣고 믿는 마음에 물러섬이 없다면 바로 이 복덕은 저 복덕보다 더욱 클 것이니라. 하물며 이 경을 사경하며 항상 읽고 배우고 익히면서 다른 이를 위해 설명해줌이랴."

須菩提 若有善男子善女人 初日分 以恒河沙等身布施 中日分 復以恒河沙等身布施 後日分 亦以恒河沙等身布施 如是無量 百千萬億劫 以身布施 若復有人 聞此經典 信心不逆 其福勝彼 何況書寫受持讀誦 爲人解說

15-2 "수보리여, 간략히 말하면 이 경은 가히 생각할 수도 없고 헤아릴 수도 없는 무량한 공덕이 있다. 여래는 대승의 마음을 낸 이들을 위해 설하며 최상승의 삶을 살고자 하는 이들을 위해 이 가르침을 설하느니라."

須菩提 以要言之 是經 有不可思議不可稱量無邊功德 如來爲 發大乘者說 爲發最上乘者說

15-3 "어떤 사람이 이 경을 항상 읽고 배우고 익히면서 널리 다른 사람들을 위해 설명해준다면 여래는 이 사람들이 헤아릴 수 없고 말할 수 없고 끝을 알 수 없고 생각으로는 미칠 수 없는 불가사의한 공덕을 성취할 것임을 이미 다 알고 있고 다 보고 있나니 이와 같은 사람들은 여래의 아누다라삼먁삼보리를 얻으리라."

若有人 能受持讀誦 廣爲人說 如來悉知是人 悉見是人 皆得成就不可量 不可稱無有邊不可思議功德 如是人等 則爲荷擔如來阿耨多羅三藐三菩提

15-4 "왜 그런가 하면 수보리여, 작은 법을 좋아하는 이들은 아견·인견·중생견·수자견에 집착하여 이 가르침을 들으려 하거나 받아들이지 않기 때문에 다른 사람들에게 설명해주지 못하느니라."

何以故 須菩提 若樂小法者 著我見人見衆生見壽者見 則於此
經 不能聽受讀誦 爲人解說

15-5 "수보리여, 어디든 이 가르침이 있는 곳은 세상의 모든 천신과 인간과 아수라들에게 공양을 받는 곳이 되리니 이곳을 부처님께서 계신 탑과 같이 공경하고 예배하며 갖가지 꽃과 향으로 공양해야 함을 마땅히 알아야 한다."

須菩提 在在處處 若有此經 一切世間天人阿修羅 所應供養 當
知此處 則爲是塔 皆應恭敬 作禮圍繞 以諸華香 而散其處

제 16 이 가르침은 업장을 소멸한다

능정업장분能淨業障分

16-1 **"또한 수보리여, 선남자 선여인이 이 가르침을 항상 읽고 배우고 익혔음에도 남에게 멸시와 천대를 받는다면 이 사람은 전생의 죄업으로 악도에 떨어져야 마땅하겠지만 지금 다른 사람들의 멸시와 천대를 받은 것으로 전생의 죄업은 소멸되고 앞으로 반드시 아누다라삼먁삼보리를 얻을 것이니라."**

復次 須菩提 善男子善女人 受持讀誦此經 若爲人輕賤 是人
先世罪業 應墮惡道 以今世人輕賤故 先世罪業 則爲消滅 當得
阿耨多羅三藐三菩提

16-2 "수보리여, 내가 한량없는 아승기
겁의 과거 전생을 생각해보니 나는 이미
연등부처님을 만나 뵙기 전에도 팔백사
천만억 나유타 수의 무량한 부처님들을
만났었고 그때마다 그 부처님들께 공양
하고 섬기기를 다하되 조금도 헛되게 지
나친 적이 없었느니라."

須菩提 我念過去無量阿僧祇劫 於然燈佛前 得値八百四千萬
億那由他諸佛 悉皆供養承事 無空過者

16-3 "만약 어떤 사람이 말법 시대에 이 경의 가르침을 항상 읽고 배우고 익히면서 얻게 되는 공덕과 내가 과거 수많은 부처님들께 공양 올려 얻은 공덕을 비유한다면 이 공덕은 저 공덕의 백 분의 일에도 미치지 못하며 천만억 분의 일 또는 어떤 숫자나 셈으로도 비유할 수가 없느니라."

若復有人 於後末世 能受持讀誦此經 所得功德 於我所供養諸佛功德 百分不及一 千萬億分 乃至算數譬喩 所不能及

16-4 "수보리여, 만약 선남자 선여인이 정법이 쇠퇴한 말법 시대일지라도 이 경의 가르침을 항상 읽고 배우고 익히면서 얻게 되는 공덕을 내가 자세히 말한다면 아마도 이 말을 듣는 이는 마음이 혼란스러워 의심하려 하고 믿지 않으려 할 것이다."

須菩提 若善男子善女人 於後末世 有受持讀誦此經 所得功德
我若具說者 或有人聞 心則狂亂 狐疑不信

16-5 "수보리여, 이 경이 담고 있는 의미
는 불가사의하며 그 공덕 또한 불가사의
함을 마땅히 알아야 하느니라."

須菩提 當知 是經義 不可思議 果報亦不可思議

제 17 상 없음이 참된 보살이다

구경무아분究竟無我分

17-1 그때 수보리 존자가 부처님께 여쭈었습니다.

"세존이시여, 보살의 삶을 살고자 하는 선남자 선여인이 아누다라삼먁삼보리를 얻고자 한다면 어떻게 살아야 하며 어떻게 그 마음을 다스려야 하옵니까?"

爾時 須菩提白佛言 世尊 善男子善女人 發阿耨多羅三藐三菩提心 云何應住 云何降伏其心

17-2 부처님께서 수보리 존자에게 말씀하셨습니다.

"선남자 선여인이 아누다라삼먁삼보리를 얻고자 하는 마음을 일으켰다면 '나는 일체 중생을 남김없이 제도하여 열반에 들게 인도하리라. 그러나 진실로 나로 인해 제도 되었거나 열반으로 인도된 중생은 아무도 없다.' 이렇게 그 마음을 다스리며 살아야 하느니라."

佛告須菩提 善男子善女人 發阿耨多羅三藐三菩提者 當生如是心 我應滅度一切衆生 滅度一切衆生已 而無有一衆生實滅度者

17-3 "왜 그런가 하면 수보리여, 만약 보살에게 아상·인상·중생상·수자상이 있다고 한다면 이는 보살이 아니기 때문이다. 무슨 까닭인가 하면 수보리여, 아누다라삼먁삼보리의 마음을 일으켜서

얻을 수 있는 법이 실제로는 없기 때문
이니라.”

何以故 須菩提 若菩薩 有我相人相衆生相壽者相 則非菩薩 所
以者何 須菩提 實無有法 發阿耨多羅三藐三菩提者

17-4 “수보리여, 그대의 생각은 어떠한
가? 여래가 연등부처님이 계신 곳에서
어떤 법이 있어서 아누다라삼먁삼보리
를 얻었느냐?”

須菩提 於意云何 如來於然燈佛所 有法得阿耨多羅三藐三菩
提不

17-5 “그렇지 않습니다, 세존이시여. 제가 부
처님께서 말씀하신 뜻을 이해하기로는 부처
님께서 연등부처님이 계신 곳에서 아누다라
삼먁삼보리라는 법을 얻은 바가 없습니다.”

不也世尊 如我解不所說義 佛於然燈佛所 無有法得阿耨多羅
三藐三菩提

17-6 부처님께서 말씀하셨습니다.

"그러하고 그러하니라, 수보리여. 여래가 얻은 아누다라삼먁삼보리라는 법은 실제로는 없느니라."

佛言 如是如是 須菩提 實無有法如來得阿耨多羅三藐三菩提

17-7 "수보리여, 만약 여래가 아누다라삼먁삼보리라는 법을 얻었다고 한다면 연등부처님께서는 내게 '그대는 내세에 석가모니라는 이름의 부처가 될 것이다.'라고 수기하지 않았을 것이다. 왜 그런가 하면 아누다라삼먁삼보리라는 법이 진실로 없기 때문에 연등부처님께서는 나에게 '그대는 내세에 반드시 석가모니라는 이름의 부처가 될 것이다.'라고 수기하신 것이니라. 왜냐하면 여래란 모든 존재의 근본 모습을 의미하기 때문이다."

須菩提 若有法如來得阿耨多羅三藐三菩提者 然燈佛 則不與
我授記 汝於來世 當得作佛 號釋迦牟尼 以實無有法得阿耨多
羅三藐三菩提 是故 然燈佛 與我授記 作是言 汝於來世 當得
作佛 號釋迦牟尼 何以故 如來者 即諸法如義

17-8 "만약 어떤 사람이 '여래는 아누다라삼먁삼보리라는 법을 얻었다.'고 말을 한다면 수보리여, 여래는 실로 아누다라삼먁삼보리라는 법을 얻은 바가 없느니라."

若有人言 如來得阿耨多羅三藐三菩提 須菩提 實無有法佛得
阿耨多羅三藐三菩提

17-9 "수보리여, 여래가 얻은 아누다라삼먁삼보리에는 진실도 없고 거짓도 없다. 이러한 까닭에 여래는 '일체법이 모두 불법이다.'라고 설한다.

수보리여, 일체법이라는 것은 곧 일체법이 아닌 까닭에 일체법이라 일컫는 것이다."

須菩提 如來所得阿耨多羅三藐三菩提 於是中無實無虛 是故
如來說 一切法 皆是佛法 須菩提 所言一切法者 卽非一切法
是故 名一切法

17-10 "수보리여, 비유하건대 사람의 몸이 큰 것과도 같으니라."

須菩提 譬如人身長大

17-11 이에 수보리 존자가 사뢰었습니다.

"세존이시여, 여래께서 사람의 몸이 크다는 것은 곧 큰 몸이 아니라고 설하셨으므로 큰 몸이라고 하는 것입니다."

須菩提言 世尊 如來說人身長大 則爲非大身 是名大身

17-12 그러자 부처님께서 말씀하셨습니다.

"수보리여, 보살도 또한 이와 같다. 보살이 만약 '나는 한량없는 중생들을 남김없이 제도하리라.' 말한다면 그를 보살이라 할 수가 없다. 왜 그런가 하면 수보리여, 보살이라는 어떤 법이 실제로는 없기 때문이니라."

須菩提 菩薩亦如是 若作是言 我當滅度無量衆生 則不名菩薩
何以故 須菩提 實無有法名爲菩薩

17-13 "이런 까닭에 여래는 '모든 법은 아도 없고 인도 없고 중생도 없고 수자도 없다.'고 설하는 것이다."

是故 佛說一切法 無我無人無衆生無壽者

17-14 "수보리여, 보살이 만약 '나는 반드시 불국토를 장엄하리라.' 말한다면 이는 보살이라 할 수가 없느니라. 왜 그런가 하면 여래는 불국토를 장엄한다는 것은 장엄하는 것이 아니라고 설하였으므로 이를 일러 장엄이라고 하는 것이다."

須菩提 若菩薩作是言 我當莊嚴佛土 是不名菩薩 何以故 如來說莊嚴佛土者 卽非莊嚴 是名莊嚴

17-15 "수보리여, 만약 보살이 무아의 법에 통달한다면 여래는 이러한 사람을 일러 참된 보살이라고 하느니라."

須菩提 若菩薩 通達無我法者 如來說名眞是菩薩

제 18 상 없으면 마음을 안다

일체동관분一體同觀分

18-1 **"수보리여, 그대의 생각은 어떠한가? 여래에게 육안이 있느냐?"**

"그렇습니다, 세존이시여.
여래께서는 육안을 갖고 계십니다."

須菩提 於意云何 如來有肉眼不 如是世尊 如來有肉眼

18-2 "수보리여, 그대의 생각은 어떠한 가? 여래에게 천안이 있느냐?"

"그렇습니다, 세존이시여.
여래께서는 천안을 갖고 계십니다."

須菩提 於意云何 如來有天眼不 如是世尊 如來有天眼

18-3 "수보리여, 그대의 생각은 어떠한 가? 여래에게 혜안이 있느냐?"

"그렇습니다, 세존이시여.
여래께서는 혜안을 갖고 계십니다."

須菩提 於意云何 如來有慧眼不 如是世尊 如來有慧眼

18-4 "수보리여, 그대의 생각은 어떠한 가? 여래에게 법안이 있느냐?"

"그렇습니다, 세존이시여.
여래께서는 법안을 갖고 계십니다."

須菩提 於意云何 如來有法眼不 如是世尊 如來有法眼

18-5 "수보리여, 그대의 생각은 어떠한가? 여래에게 불안이 있느냐?"

"그렇습니다, 세존이시여.
여래께서는 불안을 갖고 계십니다."

須菩提 於意云何 如來有佛眼不 如是世尊 如來有佛眼

18-6 "수보리여, 그대의 생각은 어떠한가? 여래가 갠지스강의 모래를 비유하여 설명한 적이 있느냐?"

"그렇습니다, 세존이시여. 여래께서는 갠지
스강의 모래를 비유하여 설명하신 적이 있습
니다."

須菩提 於意云何 如恒河中所有沙 佛說是沙不 如是世尊 如來
說是沙

18-7 "수보리여, 그대의 생각은 어떠한
가? 갠지스강에 있는 모래알만큼의 갠
지스강이 있고 또 그 갠지스강의 모래알
만큼 많은 부처님의 세계가 있다고 한다
면 이를 많다고 하겠느냐?"

須菩提 於意云何 如一恒河中所有沙 有如是等恒河 是諸恒河
所有沙數佛世界 如是寧爲多不

18-8 수보리 존자가 대답하였습니다.

"참으로 많습니다, 세존이시여."

須菩提言 甚多世尊

18-9 부처님께서 수보리 존자에게 말씀하셨습니다.

"수보리여, 여래는 저 국토에 있는 중생들의 갖가지 마음을 다 알고 있다. 왜냐하면 여래가 설하는 갖가지 마음은 마음이 아니라 그 이름을 일러 마음이라 하기 때문이니라."

佛告須菩提 爾所國土中 所有衆生 若干種心 如來悉知 何以故
如來說諸心 皆爲非心 是名爲心

18-10 "무슨 뜻인가 하면 수보리여, 마음이란 과거의 마음도 얻을 수 없고 현재의 마음도 얻을 수 없고 미래의 마음도 얻을 수가 없기 때문이다."

所以者何 須菩提 過去心不可得 現在心不可得
未來心不可得

제 19 복덕은 복덕이 아니다

법계통화분法界通化分

19-1 **"수보리여, 그대의 생각은 어떠한가? 어떤 사람이 삼천대천세계를 칠보로 가득 채워서 보시한다면 이 사람은 이 인연으로 얻게 되는 복덕이 많겠느냐?"**

須菩提 於意云何 若有人 滿三千大千世界七寶 以用布施 是人以是因緣 得福多不

19-2 그러자 수보리 존자가 대답하였습니다.

"세존이시여, 이 사람이 이 인연으로 얻게
되는 복덕은 참으로 많을 것입니다."

如是世尊 此人 以是因緣 得福甚多

19-3 "수보리여, 만약 복덕이 실제로 있
는 것이라면 여래는 많은 복덕을 얻는다
말하지 않았을 것이다. 복덕이 없는 까
닭에 여래는 많은 복덕을 얻는다고 설하
는 것이니라."

須菩提 若福德有實 如來不說得福德多 以福德無故 如來說得
福德多

제 20 여래는 형색을 떠난 것이다

이색이상분離色離相分

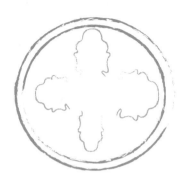

20-1 **"수보리여, 그대의 생각은 어떠한가? 삼십이상과 팔십 가지의 거룩한 신체적 조건을 다 갖추었다 하여 부처라고 볼 수가 있겠느냐?"**

須菩提 於意云何 佛可以具足色身見不

20-2 "볼 수가 없습니다, 세존이시여. 삼십이상과 팔십 가지의 거룩한 신체적 조건을 다 갖추었다 하여 여래라 볼 수는 없습니다. 왜냐하면 여래께서 말씀하시기를 신체적 조건을 다 갖추었다 하는 것은 곧 신체적 조건을 다 갖춘 것이 아니라 하셨으니 이를 일러 거룩한 신체적 조건을 다 갖추었다고 하시는 것입니다."

不也世尊 如來不應以具足色身見 何以故 如來說具足色身 卽非具足色身 是名具足色身

20-3 "수보리여, 그대의 생각은 어떠한가? 신체적 조건을 다 갖추었다 하여 여래라 볼 수가 있겠느냐?"

須菩提 於意云何 如來可以具足諸相見不

20-4 "볼 수가 없습니다, 세존이시여. 거룩한 신체적 조건을 다 갖추었다고 하여 여래라 볼 수는 없습니다. 왜냐하면 여래께서는 신체적 조건을 다 갖추었다 하는 것은 신체적 조건을 다 갖춘 것이 아니라 설하셨기에 이를 일러 거룩한 신체적 조건을 다 갖추었다고 말씀하시는 것입니다."

不也世尊 如來不應以具足諸相見 何以故 如來說諸相具足 卽非具足 是名諸相具足

제 21 설한 법이 없다

비설소설분非說所說分

21-1 **"수보리여, 그대는 여래가 '나는 진리를 설할 만한 법을 가지고 있다.'는 생각을 한다고 말하지 말라. 이런 생각도 하지 말라. 왜 그런가 하면 만약 어떤 사람이 '여래는 진리를 설할 만한 법이 있다.'고 말한다면 이 사람은 곧 여래를 비방하는 것이니 이는 내가 설한 바를 이해하지 못한 까닭이니라."**

須菩提 汝勿謂如來作是念 我當有所說法 莫作是念 何以故 若
人言 如來有所說法 卽爲謗佛 不能解我所說故

21-2 **"수보리여, 설법이라는 것은 가히 설할 만한 법이 없기에 이를 일러 설법 이라 하는 것이다."**

須菩提 說法者 無法可說 是名說法

21-3 그때 수보리 존자가 부처님께 여쭈었습니다.

"세존이시여, 미래에 이 가르침을 듣고서 믿 음을 내는 중생들이 있겠습니까?"

爾時 慧命須菩提 白佛言 世尊 頗有衆生 於未來世 聞說是法
生信心不

21-4 부처님께서 말씀하셨습니다.

"수보리여, 그들은 중생이 아니요. 중생이 아닌 것도 아니다. 왜 그런가 하면 수보리여, 중생 중생이라 하는 것은 중생이 아니라고 여래가 설하였기에 중생이라 일컫는 것이니라."

佛言 須菩提 彼非衆生 非不衆生 何以故 須菩提 衆生衆生者
如來說非衆生 是名衆生

제 22 위 없는 깨달음

무법가득분無法可得分

22-1 수보리 존자가 부처님께 여쭈었습니다.

"세존이시여, 부처님께서 아누다라삼먁삼보리를 얻었다는 것은 곧 얻은 법이 없다는 것입니까?"

須菩提白佛言 世尊 佛得阿耨多羅三藐三菩提 爲無所得耶

22-2 부처님께서 말씀하셨습니다.

"그러하고 그러하다. 수보리여, 내가 아누다라삼먁삼보리를 얻었다 하는 것은 아주 작은 법조차도 얻은 바가 없으니 이를 일러 아누다라삼먁삼보리라 하느니라."

佛言 如是如是 須菩提 我於阿耨多羅三藐三菩提 乃至無有小法可得 是名阿耨多羅三藐三菩提

제 23 집착 없이 행하라

정심행선분淨心行善分

23-1 "또한 수보리여, 이 법은 평등하여 차별이 없다. 그렇기에 높고 낮음이 없으니 이를 일러 아누다라삼먁삼보리라 하는 것이다."

復次 須菩提 是法平等 無有高下 是名阿耨多羅三藐三菩提

23-2 "아도 없고 인도 없고 중생도 없고 수자도 없으며 일체의 선한 법으로 아누다라삼먁삼보리를 얻게 되느니라."

以無我無人無衆生無壽者 修一切善法 則得阿耨多羅三藐三菩提

23-3 "수보리여, 이른바 선한 법이라는 것은 선한 법이 아니라고 여래가 설하였으므로 이를 일러 선한 법이라 하는 것이다."

須菩提 所言善法者 如來說 卽非善法 是名善法

제 24 최고의 공덕은 전법이다

복지무비분福智無比分

24-1 "수보리여, 어떤 사람이 삼천대천 세계에 있는 산들의 왕인 수미산만한 큰 칠보 덩어리를 보시한다고 하자. 또 어 떤 사람은 금강반야바라밀경이나 혹은 사구게만이라도 항상 읽고 배우고 익히 면서 다른 사람들에게 그 뜻을 설명해준 다면 앞의 복덕은 뒤의 복덕에 비해 백 분의 일에도 미치지 못하며 백천만억 분

의 일에도 미치지 못하며 나아가 어떠한
계산이나 비유로도 미치지 못할 것이니
라."

須菩提 若三千大千世界中 所有諸須彌山王 如是等七寶聚 有
人 持用布施 若人 以此般若波羅蜜經 乃至四句偈等 受持讀誦
爲他人說 於前福德 百分不及一 百千萬億分 乃至算數譬喩 所
不能及

전법의 공덕 : 법공양

화무소화분化無所化分

25-1 **"수보리여, 그대의 생각은 어떠한 가? 그대들은 여래가 '나는 반드시 중생을 제도하리라.'는 생각을 한다고 말하지 말라. 수보리여, 이 같은 생각을 하지 말라. 왜냐하면 여래에게는 제도할 중생이 실로 없기 때문이다.**

만약 여래가 제도할 중생이 있다고 한
다면 여래에게는 아·인·중생·수자에
대한 집착이 있는 것이니라."

須菩提 於意云何 汝等勿謂如來作是念 我當度衆生 須菩提 莫
作是念 何以故 實無有衆生如來度者 若有衆生如來度者 如來
則有我人衆生壽者

25-2 "수보리여, 여래는 자아가 있다는
것은 자아가 있는 것이 아니라고 설하였
느니라. 그러나 범부들은 자아가 있다고
집착한다. 또한 수보리여, 여래는 범부
역시 범부가 아니라고 설하였느니라."

須菩提 如來說 有我者 則非有我 而凡夫之人 以爲有我 須菩
提 凡夫者 如來說則非凡夫

26-1 **"수보리여, 그대의 생각은 어떠한 가? 삼십이상으로 여래를 볼 수가 있겠 느냐?"**

須菩提 於意云何 可以三十二相 觀如來不

26-2 수보리 존자가 사뢰었습니다.

"그렇습니다 그렇습니다, 세존이시여. 삼십
이상으로 여래를 볼 수가 있습니다."

須菩提言 如是如是 以三十二相 觀如來

26-3 이에 부처님께서 말씀하셨습니다.

"수보리여, 만약 그대의 말대로 삼십이
상으로 여래를 볼 수 있다면 삼십이상을
갖추고 있는 전륜성왕도 여래라고 할 수
있겠구나."

佛言 須菩提 若以三十二相 觀如來者 轉輪聖王 則是如來

26-4 그러자 수보리 존자가 부처님께 사뢰었습니다.

"세존이시여, 제가 부처님께서 말씀하신 뜻을 다시 이해하기로는 삼십이상을 갖추었다 하여 여래라 볼 수는 없습니다."

須菩提白佛言 世尊 如我解佛所說義 不應以三十二相 觀如來

26-5 이때 세존께서 게송으로 말씀하셨습니다.

"만약 형상으로 나를 보려 하거나 음성으로 나를 찾는다면 이 사람은 잘못된 길로 나아가는 것이니 결코 여래를 보지 못하리라."

爾時世尊 而說偈言 若以色見我 以音聲求我 是人行邪道 不能 見如來

무단무멸분 無斷無滅分

27-1 **"수보리여, 그대가 만약 '여래는 삼십이상을 갖추지 않았기에 아누다라삼막삼보리를 얻었다.'고 생각한다면 수보리여, 여래는 삼십이상을 갖추지 않았기에 아누다라삼막삼보리를 얻었다.'는 이같은 생각을 하지 말라."**

須菩提 汝若作是念 如來不以具足相故 得阿耨多羅三藐三菩提 須菩提 莫作是念 如來不以具足相故 得阿耨多羅三藐三菩提

27-2 "수보리여, 그대가 만약 아누다라삼먁삼보리를 얻고자 마음을 낸 이들이 '모든 법은 끊어지거나 없어진다.'는 생각을 한다고 여긴다면 이런 생각도 하지 말라. 왜냐하면 아누다라삼먁삼보리를 얻고자 마음을 낸 이들은 '법에 대해서 끊어지거나 없어진다.'는 생각을 말하지 않기 때문이니라."

須菩提 汝若作是念 發阿耨多羅三藐三菩提者 說諸法斷滅相 莫作是念 何以故 發阿耨多羅三藐三菩提心者 於法 不說斷滅相

제 28 탐하지도 누리지도 않는다

불수불탐분不受不貪分

28-1 "수보리여, 보살이 갠지스강의 모래알만큼 많은 세계를 칠보로 가득 채워서 보시한다고 하자. 또 어떤 사람은 모든 법이 무아임을 알아서 인욕의 깨달음을 이룬다면 이 보살이 얻게 되는 공덕은 앞의 보살이 얻은 공덕보다도 더욱 클 것이니라."

須菩提 若菩薩 以滿恒河沙等世界七寶 持用布施 若復有人 知
一切法無我 得成於忍 此菩薩 勝前菩薩所得功德

28-2 "왜 그런가 하면 수보리여, 모든 보살은 복덕을 누리지 않기 때문이니라."

須菩提 以諸菩薩 不受福德故

28-3 수보리 존자가 부처님께 사뢰었습니다.

"세존이시여, 어찌하여 보살은 복덕을 누리지 않는 것입니까?"

須菩提白佛言 世尊 云何菩薩 不受福德

28-4 "수보리여, 보살은 지은 복덕을 탐내거나 집착하지 않아야 한다. 이러한 까닭에 복덕을 누리지 않는다고 말하는 것이니라."

須菩提 菩薩 所作福德 不應貪着 是故 說不受福德

제 29 여래는 오고 감이 없다
위의적정분威儀寂靜分

29-1 "수보리여, 만약 어떤 사람이 '여래는 오기도 하고 가기도 하고 앉기도 하고 눕기도 한다.'고 말한다면 이 사람은 내가 설한 뜻을 이해하지 못한 것이니라."

須菩提 若有人言 如來若來若去若坐若臥 是人
不解我所說義

29-2 "왜 그런가 하면 여래란 오는 것도 없고 가는 것도 없으므로 여래라 하는 것이니라."

何以故 如來者 無所從來 亦無所去 故名如來

제 30 부분과 전체의 참모습

일합이상분—合理相分

30-1 "수보리여, 선남자 선여인이 삼천대천세계를 부수어 작은 티끌로 만든다면 그대의 생각은 어떠한가? 그 티끌들을 많다고 할 수가 있겠느냐?"

須菩提 若善男子善女人 以三千大天世界 碎爲微塵 於意云何 是微塵衆 寧爲多不

30-2 수보리 존자가 사뢰었습니다.

"참으로 많을 것입니다, 세존이시여. 왜냐하면 그 티끌들이 실제로 있는 것이라면 세존께서는 티끌들이라고 말씀하지 않으셨을 것입니다. 세존께서 티끌들은 티끌들이 아니라 설하셨기에 이를 일러 티끌들이라 일컫는 것입니다."

甚多世尊 何以故 若是微塵衆 實有者 佛則不說是微塵衆 所以者何 佛說微塵衆 則非微塵衆 是名微塵衆

30-3 "세존이시여, 여래께서 말씀하신 삼천대천세계도 세계가 아닌 까닭에 이를 일러 세계라고 말씀하시는 것입니다."

世尊 如來所說三千大天世界 則非世界 是名世界

30-4 "무슨 뜻인가 하면 세계가 실제로 있는 것이라면 그것은 하나의 덩어리로 이루어진 모습이겠지만 여래께서 하나의 덩어리로 이루어진 모습은 곧 하나의 덩어리로 이루어진 모습이 아니라고 설하셨기에 이를 일러 하나의 덩어리로 이루어진 모습이라 일컫는 것입니다."

何以故 若世界 實有者 則是一合相 如來說一合相 則非一合相 是名一合相

30-5 부처님께서 말씀하셨습니다.

"수보리여, 하나의 덩어리로 이루어진 모습의 세계라는 것은 말로는 표현할 수가 없는 것인데 다만 범부들이 탐하고 집착하는 것이니라."

須菩提 一合相者 則是不可說 但凡夫之人 貪着其事

제 31 견해를 일으키지 말라

지견불생분知見不生分

31-1 "수보리여, 어떤 사람이 여래가 아견·인견·중생견·수자견을 설했다고 한다면 그대의 생각은 어떠한가? 이 사람은 여래가 설한 뜻을 이해하였겠느냐?"

須菩提 若人言 佛說我見人見衆生見壽者見 須菩提 於意云何 是人 解我所說義不

31-2 "아닙니다, 세존이시여. 이 사람은 여래께서 말씀하신 뜻을 알지 못하였습니다. 왜냐하면 세존께서는 아견·인견·중생견·수자견은 곧 아견·인견·중생견·수자견이 아니라고 설하셨으므로 아견·인견·중생견·수자견이라 일컫는 것입니다."

不也世尊 是人 不解如來所說義 何以故 世尊說我見人見眾生見壽者見 卽非我見人見眾生見壽者見 是名我見人見眾生見壽者見

31-3 "수보리여, 아누다라삼먁삼보리를 얻고자 마음을 낸 이들은 일체의 법에서 마땅히 이와 같이 알고 이와 같이 보며 이와 같이 믿고 이와 같이 이해하여 법이라는 상을 내지 말아야 하느니라."

須菩提 發阿耨多羅三藐三菩提心者 於一切法 應如是知 如是見 如是信解 不生法相

31-4 "수보리여, 법이라는 상은 법이라는 상이 아니라고 여래가 설하였으므로 법이라는 상이라 일컫느니라."

須菩提 所言法相者 如來說卽非法相 是名法相

제 32 가르침의 갈무리

32-1 **"수보리여, 어떤 사람이 헤아릴 수 없이 무량한 아승기 세계를 칠보로 가득 채워 보시를 하고 또 보살의 마음을 낸 어떤 선남자 선여인이 이 금강반야바라밀경을 항상 읽고 배우고 익히면서 사구게만이라도 다른 사람들에게 설명해준다면 이 복덕은 앞서 칠보로 보시한 복덕보다도 훨씬 더 클 것이니라."**

須菩提 若有人 以滿無量阿僧祇世界七寶 持用布施 若有善男
子善女人 發菩薩心者 持於此經 乃至四句偈等 受持讀誦 爲人
演說 其福勝彼

32-2 "그렇다면 다른 사람들을 위해 어떻게 설명해주면 되는가? 이는 설명해준다는 생각이나 집착 없이 한결같은 마음으로 흔들림 없이 해야 한다."

云何爲人演說 不取於相 如如不動

32-3 "왜 그런가 하면 일체의 모든 유위법은 꿈과 같고 허깨비와 같고 물거품과 같고 그림자와 같고 이슬과 같고 또 번개와 같은 것이니 이렇게 보아야 한다."

何以故 一切有爲法 如夢幻泡影 如露亦如電 應作如是觀

32-4 부처님께서 금강반야바라밀경의 가르침을 모두 설하여 마치시자 장로 수보리 존자와 비구 비구니 우바새 우바이를 비롯한 모든 세간의 천신들과 인간 아수라가 부처님의 가르침에 크게 감동하고 환희하며 이를 믿고 받들고 따르고자 하였습니다.

佛說是經已 長老須菩提 及諸比丘比丘尼 優婆塞優婆夷 一切世間天人阿修羅 聞佛所說 皆大歡喜 信受奉行

나무 금강반야바라밀경
나무 금강반야바라밀경
나무 금강반야바라밀경

열 가지 악업을 참회함

십악참회十惡懺悔

살생으로 지은 죄업 오늘 모두 참회하며
도적질로 지은 죄업 오늘 모두 참회하며
사음으로 지은 죄업 오늘 모두 참회하며
거짓말로 지은 죄업 오늘 모두 참회하며
꾸밈말로 지은 죄업 오늘 모두 참회하며
이간질로 지은 죄업 오늘 모두 참회하며
험한말로 지은 죄업 오늘 모두 참회하며
탐욕으로 지은 죄업 오늘 모두 참회하며
성냄으로 지은 죄업 오늘 모두 참회하며
어리석어 지은 죄업 오늘 모두 참회하며

백겁 천겁 쌓인 죄업 한 생각에 없어져서
마른 풀을 불태운듯 흔적조차 없어지다.

죄의 자성 본래 없어 마음따라 일어난 것
마음 만약 없어지면 죄업 또한 사라지네.
죄도 업도 없어지고 마음 또한 공하여야
이것을 이름하여 진참회라 하는구나.

업장을 참회하는 진언

참회진언懺悔眞言

옴 살바 못자 모지 사다야 사바하 _{세 번}

원하옵건대
이 공덕이 모두에게 두루 미쳐
저희들과 중생들이 극락세계 태어나서
무량수불 함께 뵙고 모두 성불하여지이다.

금강경 독송 회향 발원문

거룩하신 부처님이시여!

금강반야바라밀경의 가르침에서
사구게만이라도 항상 읽고 배우고
익히면서 다른 사람들에게 설명해준다면
이 복덕은 무량한 아승기 세계를
칠보로 가득 채워 보시한 복덕보다도
훨씬 더 크다고 하였습니다.

이렇게 복덕 가득한 금강반야바라밀경을
오늘 제가 보고 읽은 이 인연 받들어
팔정도의 삶으로 회향하는
대승보살이 되기를 서원하옵니다.

바라옵건대 이러한 인연 공덕으로
부모 형제를 비롯한 일가친척과
과거 현재 미래에 인연 짓는 모든 이들이
삼재와 팔난을 면하게 하여 주시옵고

모든 소망과 발원은 원만히 성취되며
선망 조상님과 유주 무주의 일체 고혼과
저희 모두가 극락세계 태어나서
무량수불 함께 뵙고 성불하여지이다.

나무석가모니불
나무석가모니불
나무시아본사 석가모니불

큰절 삼배 - 마침

[부 록]

금강경 대의大意와 사상四相

파이집破二執 **현삼공**顯三空

파이집破二執 – 두 가지 집착
① '나라고 하는 존재'에 대한 집착我執
② '나 이외의 존재'에 대한 집착法執

집착의 근원

육근六根 + **육경**六境 = **집착**육식六識
　　육근六根 : 안眼 이耳 비鼻 설舌 신身 의意
　　육경六境 : 색色 성聲 향香 미味 촉觸 법法
　　육식六識 : 안眼 이耳 비鼻 설舌 신身 의意

　　① 안근+색경 = 안식 – 빛을 분별
　　② 이근+성경 = 이식 – 소리의 분별
　　③ 비근+향경 = 비식 – 냄새를 분별

④ 설근+미경 = 설식 – 맛의 분별

⑤ 신근+촉경 = 신식 – 촉각의 분별

⑥ 의근+법경 = 의식 – 의식의 분별

현삼공顯三空 – 세 가지 비움

① '나'도 공空하고

② '나 이외의 모든 것'도 공空하고

③ '나도 나 이외의 모든 것'도 공空하다.

나도, 법도, 이 모든 것들도 고정된 실체가 없다.

상相saṃjñā : 고정된 관념, 고정된 견해

고정된 개념, 고정된 생각

금강경의 사상四相

사상四相은 부처님 당시 인도 사회의 여러 철학(독자부, 흰두교, 자이나교 등)과 사상思想에 내재해 있던 자아自我에 대한 개념들로서 영원히 변하지 않는 불변의 나我가 실재하고 존재한다고 믿는 소견이나 인식, 또는 고정된 견해와 관념을 지칭하는 동일 개념의 다른 언어적 표현이다.

아상我相 ātman-saṃjñā : 몸과 마음을 나我라고 하는 존재의 실상으로 여기며 자아自我(오온五蘊 : 색色, 수受, 상想, 행行, 식識)에 집착執着하는 견해

인상人相 / 개아個我 pudgala-saṃjñā : 윤회의 주체인 어떤 실체가 개체적으로 존재하며 이 실체는 영원하다고 여기는 견해

중생상衆生相 sattva-saṃjñā : 아상과 인상이 섞인 관념으로 변하지 않는 생명의 실체가 있어서 영원할 것이라고 여기는 견해

수자상壽者相 jīva-saṃjñā : 생사를 초월하여 영원불멸한 생명이 존재한다고 여기는 견해

아상我相을 비롯한 사상四相은 자기我라는 허상에 대한 애착과 물질色에 대한 탐욕과 집착의 굴레를 벗어나지 못한 중생의 경계를 드러내는 상징적인 표현이며 이는 경전 속의 가르침이 아닌 현대를 살아가는 보통사람들, 곧 내가 가지고 있는 상相에 대한 경책이다.

대강백 무비스님은

상相이라는 것은 우리들의 소견이나 인식, 또는 번뇌가 '생각 상想'의 상태를 지나 어떠한 고정된 형상처럼 우리 내부에 너무나 견고하고 굳건하게 자리한 것을 말한다고 하였으며 다음과 같이 사상四相을 설명한다.

① 아상我相은 '나'라고 하는 것, 또 '나'라고 하는 집착에서 벌어지는 모든 행위와 사건을 말한다.

② 인상人相은 '나' 외의 '남이다' 하는 차별에서 생기는 배타 의식이나 차별 의식을 말한다.

③ 중생상衆生相은 우리는 못난 존재라는 열등 의식에 사로잡힌 것을 말한다.

④ 수자상壽者相은 나이에 대해 편협 된 집착, 즉 '나는 지금 몇 살이다, 젊었다, 늙었다, 우리는 나이를 먹어가는 존재다'라는 등의 한계 의식을 말한다.

변화는 이미 시작되었다.

금강경과 내 삶의 신행

불자佛子**의 신행**信行

불교를 만난 진정한 의미는 자신도 행복하고 타인도 행복하게 하는 것이다. 그 길은 바르게 믿고信, 바르게 이해하고解, 바르게 실천하고行, 바르게 깨닫는證 삶으로써 즉, 자리이타自利利他의 삶이다.

신해행증信解行證

불자는 불교를 신행하는 사람이니 불교 신도를 말하는 것이며 **신행**은 믿음의 실천으로 불법을 안팎으로 선양하는 삶을 의미한다.
곧 불자의 신행은 부처님의 가르침을 믿고 따르며 실천하는 삶이다.

- **항상 읽고 배우고 익히고 전한다.** 금강경, 사구게
- **항상 보시한다.** 법보시, 재보시
- **항상 정진한다.** 법회, 기도, 봉사, 포교

상相에 집착하지 않는 삶

상에 집착하지 않는 일상의 신행삶은 눈, 귀, 코, 입, 몸, 마음을 잘 다스리고 잘 베푸는 삶이다.

- 눈　：미소 짓고
- 귀　：잘 듣고
- 코　：향기로운 곳에 머물고
- 입　：예쁘게 말하고
- 몸　：봉사하고
- 마음：좋은 생각으로 나를 다듬는다.

금강경 사구게 四句偈

사구게는 꼭 게송으로 된 구절만을 가리키는 것은 아니니 자신의 마음에 와 닿는 구절을 사구게로 삼으면 된다.

제 1 게송

"무릇 형상이 있는 것은 모두가 허망한 것이니 만약 형상이 있거나 없거나 이것이 참모습이 아닌 줄 안다면 곧 여래를 보리라." 제5

凡所有相 皆是虛妄 若見諸相非相 卽見如來

제 2 게송

"마땅히 형색에 집착하지 말아야 하며 소리나 냄새나 맛이나 감촉이나 의식 그 어디에도 집착 없는 마음을 내어라." 제10

不應住色生心 不應住聲香味觸法生心 應無所住 而生其心

제 3 게송

"만약 형상으로 나를 보려 하거나 음성으로 나를 찾는다면 이 사람은 잘못된 길로 나아가는 것이니 결코 여래를 보지 못하리라." 제26

若以色見我 以音聲求我 是人行邪道 不能見如來

제 4 게송

"일체의 모든 유위법은 꿈과 같고 허깨비와 같고 물거품과 같고 그림자와 같고 이슬과 같고 또 번개와 같은 것이니 이렇게 보아야 한다." 제32

一切有爲法 如夢幻泡影 如露亦如電 應作如是觀

금강경의 출현 배경

부처님께서 49년간의 설법을 마치고 쿠시나가라에서 열반에 드시자 그동안 부처님만을 의지하며 지내던 교단과 승려들은 슬픔과 좌절감에 어찌할 바를 몰랐다.

하지만 모두가 슬퍼하는 것만은 아니었으니 대중 가운데서는 "수행자들이여, 슬퍼하지 말고 근심하지 말라. 우리는 이제 부처님으로부터 해방되었다. 이제까지 우리는 부처님께서 **'이것은 너희에게 허락한다', '이것은 너희에게 마땅치 않다.'**라고 해서 괴로움과 구속을 당했다. 그러나 이제부터는 우리가 하고 싶은 일을 하고, 하고 싶지 않은 일은 하지 않아도 된다."라고 하며 부처님의 열반을 기회로 부처님의 가르침과는 무관하게 오히려 교단을 혼란하게 하며 어깃장을 놓는 이들도 있었다.

그렇게 부처님의 장례를 마친 얼마 후 봄 아지랑이 피어오르는 어느 날 부처님의 상수 제자인 마하가섭 존자는 천안제일 아나율존자天眼阿那律, 다문제일 아난다존자多聞阿難陀, 지계제일 우바리존자持戒優婆離, 설법제일 부루나존자說法富樓那, 해공제일 수보리존자解空須菩提, 논의제일 가전연존자論議迦旃延, 밀행제일 라훌라존자密行羅睺羅 등 초기 교단을 이끌어 오던 부처님의 상수 제자들을 모이게 하여 혼란스러운 승가를 위하여 부처님의 가르침과 계율을 앞으로 어떻게 정립할 것인가를 의논하고자 하였다.

가섭 장로가 먼저 말을 하였다.

"여러분! 부처님께서 열반에 드신 지 벌써 백일이 다가옵니다. 부처님께서는 '**모든 것은 곧 생하고 멸하는 까닭에 무상한 것이니 생멸의 집착에서 벗어나면 열반의 기쁨을 누리리라.**'고 누누이 말씀하셨습니다. 저도 또한 슬픔을 가눌 길이 한량없지만 그렇다고 언제까지 슬픔과 좌절감에서 벗어나지 못하고 있어서는 안 되지 않겠습니까? 더욱이나 그릇된 가르침이 전해져서 바른 가르침이 쇠하고 그릇된 계율이 전해져서 바른 계율이 쇠하는 일이 없도록 하기 위해서는 방법을 마련해야 하겠습니다.

그리하여 앞으로 이 교단을 어떻게 운영하고 유지해나갈 것인지에 대해 대덕 큰스님들의 의견을 구하고자 자리를 마련하였으니 기탄없이 의견을 제시하여 주시기 바랍니다."

그러자 가전연 존자가 말하였다.

"맞습니다. 부처님의 열반을 접한 사람들이 부처님의 가르침을 쫓아 괴로움에서 벗어나기 위하여 구름과 같이 몰려오고 있는 상황에서 교단의 안정과 후세에 깊은 믿음으로 굳건하게 따르고자 하는 선남자와 선여인들을 위해서라도 대책을 논의하여야겠습니다."

가전연 존자가 말을 마치자 모두 이구동성으로 가섭 장로와 가전연 존자의 의견에 찬성을 하였다.

그러자 수보리 존자가 말을 이었다.

"그러면 어떻게 방법을 모색하는 게 좋겠는지 각자의 의견을 내어봅시다."

부처님의 상수 제자들은 한참을 진지하고도 차원 높은 논의와 토론에 시간을 아끼지 않았다.
그리고 얼마 후 참으로 기발하고도 최고의 찬사를 받을 만한 결정적인 방법의 결과물로 과거와 현재, 그리고 미래의 모든 호법선신과 대중들이 감탄을 자아내게 할 만한 방법을 내어놓았다.

상수 제자들의 모임이 있은 지 얼마 후 가섭 존자
는 승가의 모든 대중을 모이게 하였다.

기원정사에 모인 사부대중은 그 수를 헤아릴 수
없이 인산인해를 이루고 있었다.

군중들은 석가모니부처님의 상수 제자인 가섭 존
자가 대중을 모두 모이게 한다는 소식을 접하고서
는 무슨 이유 때문인지를 몰라 삼삼오오 모여 웅
성거리며 궁금해하고 있었다.

그러자 가섭 존자가 비구와 비구니 스님, 우바새
와 우바이 등의 사부대중이 모두 볼 수 있는 높은
단 위에 올라 오늘 대중들을 모이게 한 이유를 이
야기하였다.

"사부대중 여러분!

우리는 그동안 부처님을 의지하며 너무도 행복하

고 감격에 겨운 수행을 하며 생로병사의 괴로움에서 벗어날 수가 있었습니다. 하지만 이제 석가모니부처님께서는 육신을 거두고 반열반에 드시었습니다. 우리는 모두가 슬프고 좌절하였습니다.

하지만 여러분!
부처님께서는 우리에게 일찍이 **"스스로를 등불로 삼고 부처님께서 설하신 가르침을 등불로 삼으라.** 自燈明法燈明"고 말씀하셨습니다.

우리는 부처님을 따르는 수행자이고 부처님께서 45년간 설하신 가르침을 기억하고 있습니다. 그래서 이제 우리는 우리 중에서 부처님의 가르침을 가장 잘 기억하고 이해하고 있는 수행자들을 추천받아 부처님께서 설하신 가르침을 정립하여 천년만년 무량겁을 이어가기 위한 결집을 하고자 합니다.

대중들께서는 탐내고, 성내고, 지혜롭지 못하여

괴로움에서 허덕이는 세상의 중생들을 안타깝게 여기시어 처음도 좋고, 중간도 좋고, 마지막도 좋은 불법을 잇기 위한 대작 불사를 위하여 지극한 마음으로 추천하여 주시기 바랍니다."

가섭 존자가 말을 마치자 대중들은 모두 주체할 수 없는 감동과 환희로움으로 뜨거운 눈물을 흘리며 가슴 벅차하였다.

그렇게 하여 가섭 존자는 왕사성 부근의 칠엽굴에서 결집을 하기로 하고 결집에 필요한 물품과 지원은 아자타삿투왕이 맡기로 하였다.

마침내 부처님 곁에서 최고의 수행자로 칭송받던 승려들 중 검증과 추천을 받은 오백 명의 승려들과 함께 결집을 위한 모든 준비가 이루어졌다. 그야말로 불교 교단이 처음으로 정립되는 대역사가 시작된 것이다.

아난은 25년 동안 부처님 곁에서 시봉을 하며 부처님께서 어디서 누구에게 어떤 가르침을 설했는지를 잘 알고 있었다. 그래서 부처님의 가르침은 아난 존자가 암송을 하기로 하였다.

아난 존자는 대중들 앞에서 기억을 더듬어가며,
"이와 같이 저는 들었습니다.
어느 때 부처님께서는……."
육성취六成就에 맞추어 암송을 시작하였다.

칠엽굴에 모인 오백 명의 대덕 비구들은 아난의 기억이 맞는지를 확인하며 잘못된 기억으로 암송을 하는 곳이 있으면 정정한 후 대중이 함께 외우고 또 암송하였다. 부처님께서 처음으로 법을 설하신 경위와 배경을 합송할 때는 부처님에 대한 그리움으로 잠시 정적의 시간을 보내기도 하였다. 계율은 우파리 존자가 앞서 암송하면 칠엽굴에 있는 대중들 전원이 뒤이어 합송하였다.

이런 방식으로 소상하게 부처님께서 설법하시던 시간과 장소와 누가 있었으며 누구를 위한 말씀이었는가를 세밀히 확인하고 또한 부처님의 말씀인지 아닌지를 즉시 공인公印한 후 공통되고도 일정한 형태로 기억에 새기며 결집을 이어갔다.

아난 존자는 벌써 수십 일째 암송을 하였다.

부처님의 가르침을 전승하기 위한 위법망구의 정신은 아난 존자의 심신을 금강불괴와 같이 탄탄하게 하였다.

이렇게 치열하고 환희 장엄한 결집의 역사를 이루어 가던, 싱그러운 보리수 향기와 온갖 꽃향기가 칠엽굴 속으로 스며들며 상쾌하게 하루를 시작하던 이날도 아난 존자는 사백아흔아홉 분의 대덕 스님들 앞에서 부처님의 가르침을 선창하며 암송을 이어갔다.

아난 존자가 말하였다.

"오늘은 부처님께서 코살라국 사위성의 기수급 고독원에서 덕이 높으신 수행자 천이백오십 명과 함께 생활하시면서 600권 반야부 경전의 가르침을 설하시던 중 대반야바라밀다경 제577권 중 제9분 금강반야바라밀 법회가 열리던 상황과 설하신 법문을 암송하겠습니다."라고 하며 선창을 하였다.

금강경 본문 – 용어 이해

[ㄱ]

가사

스님들의 승복 상의에 걸치는 천 조각을 말한다. 가사袈裟는 범어 카사야kasāya의 음역이다.

금강경

한역본의 제목은 《금강반야바라밀경金剛般若波羅蜜經》이고, 줄여서 《금강경》 또는 《금강반야경》이라고 한다. 산스크리트어 원전 제목은 Vajracchedikā Prajñāpāramitā Sūtra바즈라체디카 프라즈냐파라미타 수트라이며 부처님께서 사위성슈라와스티의 기원정사제따와나에 계실 때 승려와 불자들이 모인 가운데 설법한 가르침으로 금강경은 곧 금강과 같은 지혜로 열반저 언덕에 이르는 가르침을 설한 경전이다.

- **금강경 제목 해설**

① 금강金剛 : 다이아몬드金剛와 같이 세상에서 가장 단단한 것을 대표한 표현이며 **'금강과 같은 강력한 지혜로 중생들의 어리석음을 깨트려 없앤다.'**는 뜻으로 사용된 용어이다.

② 반야般若Prajñā : 관념과 사량 분별을 뛰어넘는 지혜를 말한다.

③ 바라밀波羅蜜Pāramitā : 음역 된 말로써 저 언덕을 건넌다는 의미로 도피안到彼岸이라 한다.

④ 경經Sūtra : 경전經典, 길道

- 기원정사祇園精舍Jetavana : 기원정사는 부처님께서 25안거安居를 지낸 곳으로 코살라국의 수도인 사위성에서 규모가 가장 큰 사찰이었다. 기원정사는 급고독 장자가 코살라 국의 기타 태자의 소유였던 동산을 매입하여 건립하려 하였으나 동산의 주인이었던 기타 태자의 보시로 함께 건립한 사찰로서 '최초의 사찰'이란 의미로 기수급고독원이라고 하였다.

- 급고독장자給孤獨Anāthapiṇḍika : 고독한 사람들에게 베푸는 사람이란 뜻으로 수닷따 장자須達多長子Sudatta라고도 한다.

- 안거安居varsika : 우기雨期에 수행자승려들이 일정 기간 외출을 금하고 수행하는 기간을 일컫는 말로써 부처님 당시의 수행자들은 우기 3개월 동안 동굴이나 사원에서 수행에만 전념했는데, 이를 우안거雨安居라 하였다.

  한국에서는 음력 4월 15일에 시작하여 7월 15일에 마치는 하안거夏安居와 음력 10월 15일에 시작해서 이듬해 1월 15일에 마치는 동안거冬安居가 있다.

  안거의 시작이나 안거가 진행 중일 때는 결제結制, 안거의 마침을 해제解制라고 한다. 1하안거안거는 1년, 2하안거는 곧 2년 동안 수행하였다는 말이다.

구류중생 九類衆生

사바세계의 모든 중생. 삼라만상에 존재하는 모든 생명체

① 태생胎生 : 사람이나 소, 말과 같이 태로 출생하는 생명체

② 난생卵生 : 새나 닭, 뱀과 같이 알에서 태어나는 생명체

③ 습생濕生 : 모기나 지렁이 등과 같이 습지에서 생겨나는 생명체

④ 화생化生 : 의탁 없이 홀연히 태어나는 존재
천상, 지옥의 중생

⑤ 유색有色 : 욕계欲界, 색계色界를 벗어나지 못한 중생

욕계欲界 : 식욕食慾, 음욕淫慾, 수면욕睡眠慾을 벗어나지 못한 세계

색계色界 : 욕계와 같은 탐욕은 없어졌으나, 물질적 조건에서 완전히 벗어나지는 못한 세계

⑥ 무색無色 : 형태가 없는 존재

　　　　정신적인 세계, 즉 무색천無色天 중생

⑦ 유상有想 : 생각이 있는 존재

　　　　번뇌의 상념을 가지고 있는 중생

⑧ 무상無想 : 생각이 없는 존재

　　　번뇌는 없으나 완벽한 번뇌에서 벗어나지 못한 중생

⑨ 비유상비무상非有想非無想 : 생각을 가졌다고
할 수도 없고 갖지 않았다고도 할 수 없는 존재

• **구류중생에 대한 육조 혜능대사의 해석**

구류중생의 업식을 자신의 마음 바깥에서 제도
하지 않고 마음 안에서 제도하게 되면 **'이것이
있음으로 저것이 있고 이것이 사라짐으로 저것
도 사라진다.'**는 연기의 법칙처럼 모두 함께 제
도 되는 것이라 하였다.

갠지스강

인도 북부를 흐르는 길이 2506km의 큰 강이다.

공양供養

감사와 존경의 뜻으로 음식이나 옷 등의 물품을 시주하는 것을 말하는데 금강경 제1분에 나오는 공양의 의미는 음식을 먹는 행위를 표현하였다.

[ㄴ]

나유타 / 아승기

겁, 무량대수와 같이 헤아릴 수 없는 많은 시간을 표현하는 용어

눈眼

육안肉眼 : 육체의 눈

천안天眼 : 신의 눈 깨달은 이의 눈

혜안慧眼 : 이치에 통달한 지혜의 눈

법안法眼 : 지혜로 깨달은 진리의 눈

불안佛眼 : 완벽한 깨달음의 눈

[ㄷ]

[ㄹ]

[ㅁ]

무위법無爲法 **유위법**有爲法

무위법 : 형성되지 않은 것. 열반涅槃

유위법 : ~으로 형성된 것. 미혹我,人,衆生,壽者으로

　　　　끊임없이 형성되고 변화輪廻함

[ㅂ]

발우鉢盂

승려가 사용하는 밥그릇으로 응기應器, 응량기라

고 한다.

보살菩薩

보살菩薩Bodhi-sattva 의 음역으로 깨달음을 성취하

기 위하여 노력하는 사람

보살마하살菩薩摩訶薩

보살의 높임말로 보살마하살이라 한다.
마하살摩訶薩maha-sattva은 음역으로 일체의 중생을 무여열반에無餘涅槃 들게 하는 자리이타利他利他의 원願을 세우고 깨달음을 추구하는 사람이다.

[ㅅ]

사부대중四部大衆

비구 스님, 비구니 스님, 우바새, 우바이가 함께 어우러진 공동체

- 비구比丘 : 빠알리어 비쿠bhikkhu를 음역하여 비구라고 하며 구족계를 받고 수행에 전념하는 남자 스님
- 비구니比丘尼 : 빠알리어 비쿠니bhikkhuni를 음

역하여 비구니라고 하며 구족계를 받고 수행에
전념하는 여자 스님

- 우바새優婆塞 : 세속에서 생활하며 부처님의 가
  르침을 따르는 남자 신도
- 우바이優婆夷 : 세속에서 생활하며 부처님의 가
  르침을 따르는 여자 신도

사바세계娑婆世界

사바娑婆는 갖가지의 고통을 참고 견뎌야 하는 이
세상을 말하며 또한 괴로움으로부터 벗어날 수 없
는 세상을 이름

수기受記

내생來生에 부처가 되리라는 것을 미리 예시 받음

십대제자十大弟子

① 지혜 제일 – 사리불 존자
② 신통 제일 – 목건련 존자

③ 두타 제일 – 마하가섭 존자

고행을 인내하며 엄격한 금욕 수행을 함

④ 해공 제일 – 수보리 존자

공空의 이치에 대하여 가장 깊게 이해를 하고 남과 대립
하거나 다투는 일이 없어서 무쟁 제일無諍第一, 남이 보
지 않아도 수행을 게을리하지 않아서 은둔 제일隱遁第一
이라고 하였다.

⑤ 설법 제일 – 부루나 존자

⑥ 논의 제일 – 마하가전연 존자

부처님의 말씀을 명쾌하게 해석하고 상세하게 설명하는
데 탁월하였다.

⑦ 천안 제일 – 아나율 존자

부처님이 설법하는 자리에서 졸다가 지적을 받은 후 눈
을 감지 않고 수행하다 눈에 병이 났고 마침내는 보지
못하게 되었다. 대신 천안天眼이 열려 천안 제일이라 하
였다.

⑧ 지계 제일 – 우바리 존자

⑨ 밀행 제일 – 라훌라 존자

남의 눈에 띄지 않아도 인욕忍辱과 계율 준수를 철저히
하였다.

⑩ 다문 제일 – 아난 존자

석가모니 부처님의 사촌 동생으로 부처님이 열반할 때까지 25년간 항상 가까이 모시면서 그의 가르침을 가장 많이 들었다.

1차 결집 때 가장 핵심적인 역할을 하였다. 불교 경전 첫머리에 들어가는 '여시아문如是我聞, 이와 같이 나는 들었습니다.'는 아난 존자가 스스로를 지칭하는 표현이다.

삼십이상 팔십종호 三十二相 八十種好

손바닥이나 발바닥에 수레바퀴 모양과 같은 손금 형태, 정수리가 상투처럼 나와 있는 모양, 미간에 흰 털이 나와서 오른쪽으로 돌아 뻗은 모양 등 부처의 신체를 갖추는 서른두 가지의 독특한 형상과 삼십이상三十二相에 부수하여 불신佛身을 장엄하게 하는 여든 가지의 호상好相

삼라만상 森羅萬象

세상에 존재하는 온갖 사물과 현상

삼천대천세계 三千大天世界

수미산이 세상의 중심이라고 여기는 불교적인 세계관으로서 욕계, 색계, 무색계의 삼계에서 벗어나지 못한 중생들이 살고 있는 세계로 사천하가 일천 개가 모여서 소천세계를 이루고 소천세계가 다시 일천 개가 모여서 중천세계를 이룬다. 여기에 또다시 중천세계가 일천 개가 모여서 대천세계를 이룬다. 즉 소천, 중천, 대천세계를 3중으로 이루기 때문에 삼천대천세계라 한다.

삼계三界 : 인간의 사사로운 욕망을 벗어나지 못한 세계인 욕계와 욕망은 벗어났으나 형색은 벗어나지 못한 색계, 욕망과 형색은 벗어났으나 의식으로부터는 자유스럽지 못한 세계를 무색계라 하며 이 세 곳을 삼계라고 한다.

사천하四天下 : 수미산을 에워싸고 있는 구산팔해九山八海의 가장 바깥쪽에 있는 네 개의 대주大洲. 곧 남쪽의 섬부주贍部洲, 동쪽의 승신주勝神洲, 서쪽의 우타주牛陀洲, 북쪽의 구로주俱盧洲를 말한다.

선남자 선여인善男子 善女人

부처님의 가르침을 믿고 따르는 세속의 일반 남녀

신도在家佛子

성문사과聲聞四果

성인의 지위

성문聲聞은 부처님의 설법을 듣고 사성제四聖諦의 이치를 깨달아 공양을 받을 만한 성인의 지위에 오른 이를 말한다.

① 수다원과 : 성인의 과에 처음으로 들어감

② 사다함과 : 인간과 천상에 한 번 왕래함

③ 아나함과 : 욕계에 다시 나지 않음

④ 아라한과 : 미혹에서 완전히 벗어남

십이연기十二緣起

① 무명無明avijjā : 무명은 무지를 뜻하는 말로 모른다는 것이다. 무명을 조건짓는 원인은 사성제苦集滅道를 모르며, 출생 이전의 과거생을 모르며, 죽음 이후 미래생을 모르며, 과거와 미

래를 같이 모르며, 12연기를 모르는 것이다.
무명의 반대는 팔정도八正道이다

② 행行saṅkhārā : 행은 의도적 행위들, 몸의 의도
적 행위, 말의 의도적 행위, 마음의 의도적 행
위 등 조건 지어진 행위 등을 통틀어 사용하는
말로써 과거에 형성된 업을 말한다.
업業 : 신身 · 구口 · 의意

③ 식識viññāṇa : 식識은 알음알이로 눈의 알음알
이, 귀의 알음알이, 코의 알음알이, 혀의 알음
알이, 몸의 알음알이, 의意mano의 알음알이로
서 오온五蘊의 다섯 번째 구성 요소이다.

④ 명색名色nāma-rūpa : 명색은 정신과 물질로서
느낌, 인식, 의도, 감각접촉, 주의를 정신이라
정의하고 네 가지 근본 물질, 땅의 요소, 물의
요소, 불의 요소, 바람의 요소를 일컫는다.

⑤ 육입六處saḷ-āyatana : 여섯 감각장소라고 하며
눈 · 귀 · 코 · 혀 · 몸 등의 오근五根과 의근意根
을 가리킨다.

⑥ 촉觸phassa : 형색, 소리, 냄새, 맛, 감촉, 법에 대한 감각 접촉으로 육근六根·육경六境·육식六識의 화합이다.

⑦ 수受vedanā : 느낌은 눈의 감각접촉에서 생긴 느낌, 귀의 감각접촉에서 생긴 느낌, 코의 감각접촉에서 생긴 느낌, 혀의 감각접촉에서 생긴 느낌, 몸의 감각접촉에서 생긴 느낌, 의意의 감각접촉에서 생긴 느낌, 이 여섯 기관에서 발생한 느낌을 이른다.

⑧ 애愛taṇhā : 갈애라고도 하며 형색에 대한 갈애, 소리에 대한 갈애, 냄새에 대한 갈애, 맛에 대한 갈애, 감촉에 대한 갈애, 법에 대한 갈애를 이른다.

⑨ 취取upādāna : 취착은 감각적 욕망에 대한 취착, 견해에 대한 취착, 계율과 의례의식에 대한 취착, 자아의 교리에 대한 취착, 이 네 가지 취착을 이른다.

⑩ 유有bhava : 존재는 욕계의 존재, 색계의 존재, 무색계의 존재, 이 세 가지를 이른다.

⑪ 생生jāti : 태어남은 이런저런 중생들의 무리로부터 이런저런 중생들의 태어남, 출생, 도래함, 생김, 탄생, 오온의 나타남, 감각장소를 획득함으로 정의된다. 존재와 태어남 사이에는 반드시 한 생이 개재됨으로 이해하면 된다.

⑫ 노사老死jarā-maraṇa : 늙음과 죽음은 이런저런 중생들의 무리 가운데서 이런저런 중생들의 늙음, 노쇠함, 부서짐치아, 희어짐머리털, 주름진 피부, 수명의 감소, 감각기능의 쇠퇴, 이를 일러 늙음이라 한다.
이런저런 중생들의 무리로부터 이런저런 중생들의 종말, 제거됨, 부서짐, 사라짐, 사망, 죽음, 서거, 오온의 부서짐, 시체를 안치함, 생명기능의 끊어짐, 이를 일러 죽음이라 한다.

[ㅇ]

아누다라삼먁삼보리
阿耨多羅三藐三菩提 Anuttarā samyak-saṃbodhi

아누다라삼먁삼보리는 위 없이 높고 바른 완전한 깨달음이란 뜻이다.
바르고 평등하여 더없이 완벽하다는 의미, 무상정등정각

연등부처님燃燈佛
석가모니부처님이 전생에 유동이라는 수행자였을 때 미래세에 반드시 석가모니라는 부처가 될 것이라고 수기해 주었던 과거세의 부처님

육바라밀六波羅蜜
① 보시布施 : 남에게 베푸는 삶
② 지계持戒 : 오계五戒를 신행하는 삶
③ 인욕忍辱 : 화내지 않고 참는 삶
④ 정진精進 : 신행을 열심히 함

⑤ 선정禪定 : 정진을 열심히 함

⑥ 지혜智慧 : 지혜로운 삶을 삶

오계五戒

살생, 도둑, 사음, 망어, 음주를 하지 않음

육성취六成就

① 부처님의 가르침이 틀림없다는 신성취信成就

② 내가 직접 들었다는 문성취聞成就

③ 설법의 때를 명시하는 시성취時成就

④ 주재자가 부처님이었다는 주성취主成就

⑤ 설법한 장소를 밝히는 처성취處成就

⑥ 누가 들었는가를 밝히는 중성취衆成就

불교의 모든 경전은 공통적으로 서두에 이 여섯 가지 조건을 반드시 제시하고 있는데 이것을 통서通序라고 한다.

열반涅槃

반열반般涅槃· 대반열반大般涅槃이라고도 한다.

열반은 산스크리트어 니르바나nirvāṇa의 음역으로
취멸吹滅· 적멸寂滅· 멸도滅度· 적寂으로 번역된다.

열반은 타오르는 번뇌의 불길을 모두 소멸하여 생
사生死의 윤회와 미혹에서 완전하게 벗어나解脫 깨
달음菩提을 완성한 경지다.

[　ㅈ　]

전륜성왕轉輪聖王

이상적인 군주상으로 무력이 아닌 정법正法으로
통치하며 군주에게 요구되는 모든 조건을 갖추고
있다.

중생衆生

괴로움의 세계娑婆世界에서 벗어나지 못하는 존재

중생은 '여러 생生을 윤회한다, 여럿이 함께 산다, 많은 연緣과 화합한다.' 등의 의미이며 범부凡夫라고도 한다.

* 범부凡夫 : 번뇌에 얽매여 생사를 초월하지 못하는 사람

[　ㅊ　]

[　ㅋ　]

[　ㅌ　]

탁발托鉢Pindapa-ta

탁발은 출가한 승려가 수행에 필요한 의식을 공양받기 위하여 재가 불자의 집을 찾아다니며 구걸하는 행위를 말하며 수행을 위한 두타행의 한 방법이기도 하다.

팔정도八正道

① 바른 견해정견正見sammā-diṭṭhi : 괴로움에 대한 지혜, 괴로움의 일어남에 대한 지혜, 괴로움의 소멸에 대한 지혜, 괴로움의 소멸로 인도하는 닦음道에 대한 지혜를 말한다.

② 바른 사유정사유正思惟sammā-saṅkappa : 자애慈, 연민悲, 더불어 기뻐함喜, 평온捨, 이 네 가지 거룩한 마음가짐四無量心을 가지는 것을 말한다.

③ 바른 말정어正語sammā-vācā : 거짓말을 삼가고, 중상모략을 삼가고, 욕설을 삼가고, 잡담을 삼가는 것을 말한다.

④ 바른 행위정업正業sammā-kammanta : 살생을 삼가고, 도둑질을 삼가고, 삿된 음행을 삼가는 것을 말한다.

⑤ 바른 생계정명正命sammā-ājiva : 삿된 생계를 제거하고 바른 생계로 생명을 유지하는 것을 말한다.

⑥ 바른 정진정정진正精進sammā-vāyāma : 아직 일어
나지 않은 악하고 해로운 법들을 일어나지 못
하게 하기 위해서, 이미 일어난 악하고 해로운
법들을 제거하기 위해서, 아직 일어나지 않은
유익한 법들을 일어나도록 하기 위해서, 이미
일어난 유익한 법들을 사라지지 않게 하고 증
장시키기 위해서 열의를 생기게 하고 정진하고
힘을 내어 마음을 다잡고 노력하는 것을 말한
다.

⑦ 바른 마음챙김정념正念sammā-sati : 몸에서 몸을
관찰하고, 느낌에서 느낌을 관찰하고, 마음에
서 마음을 관찰하고, 법에서 법을 관찰하면서
세상에 대한 욕심과 싫어하는 마음을 버리고
근면하게, 분명히 알아차리고 머무는 것을 말
한다.

⑧ 바른 삼매정정正定sammā-samādhi : 바른 삼매는 감
각적 욕망이 극복되어 마음의 행복과 고요와
평화가 가득한 경지를 말한다.

팩션Faction

팩션은 팩트fact와 픽션fiction을 합성한 신조어로, 역사적 사실에 근거하여 새로운 시나리오를 재창조하는 문화예술 장르를 가리킨다.

[　ㅎ　]

희유希有

흔하지 않고 드물다.

불경 편찬의 시기별 약식 연감

BC 624년 - 544년경

석가모니 부처님의 출현 : 이름은 싯다르타 고타마이고 불교의 교조이다. 석가는 부족의 명칭이고 모니는 성자라는 뜻이다.

BC 5~6세기 초기불교

부처님과 그의 직계 제자와 그 제자들의 가르침. 부처님 입멸 후 100여 년 동안의 시기를 일컬으며 현존하는 빠알리 삼장에 전승되어 오는 5부 니까야로 구성된 경장經藏Sutta Piaka과 다섯 권의 율장律藏Vinaya Piaka, 일곱 권의 논장論藏 Abhidhamma Piaka에 전승되어 오는 가르침을 초기불교라 한다.

남방의 상좌부에 전승되어 오는 니까야와 북방에서 한역되어 전승되어 오는 아함경이 초기불교의 경전에 속한다.

초기불교를 근본불교, 혹은 원시불교라고 칭하기도 하는데 근본불교란 부처님의 원음을 간직한 시기의 가르침이 근본임을 강조한 표현이다. 원시불교는 변형되기 이전의 원초적인 모습을 간직하고 있다는 표현도 있지만 제대로 발달하지 못한 시작 단계의 불교라는 뜻 또한 내포되어 있다.

근래에는 부처님 당시의 불교나 부처님의 영향력이 실질적으로 미치고 있던 시기에 의미를 두어 근본불교나 원시불교가 아닌 초기불교라고 칭함이 일반적인 흐름이다.

BC 5세기
1차 결집 부처님의 열반 직후 경經과 율律을 제정하여 경전과 계율을 암송으로 합송合誦 전승하였다. 라자가하 결집 또는 500결집이라 한다.

BC 4세기 383년경

2차 결집 붓다 입멸 후 100여 년경 10사事 논쟁論爭으로 인하여 결집이 결성되었다. 웨살리 결집 또는 700결집이라 한다. 2차 결집 이후 교단은 상좌부上座部와 대중부大衆部로 나뉘게 되는 근본 분열에 이어 약 100여 년간 계속 지말분열支末分裂이 진행되어 18~20개 부파로 나뉘게 된다. 이 시기를 부파불교 시대라 한다.

BC 3세기

3차 결집 불교 경전의 문자화

부처님 열반 후 약 200년경 아쇼카왕阿育王즉위 17년경의 주도로 파탈리푸트라華氏城 아육승가람阿育僧伽藍에서 1000명의 비구가 모여서 결집 1000결집, 화씨성결집 1000집법이라고도 한다.

부파불교의 산물로 생성된 논서들을 논장으로 제정하여 '삼장'을 구축하였고 이때부터 암송으로 구전되어 오던 가르침을 문자로 기록하기 시작하였다.

BC 1세기

대승불교와 상좌부 불교의 전승

상좌부 불교의 성립 – 빠알리어 삼장三藏 편찬

3차 결집 이후 빠알리어로 암송되던 상좌부의 빠알리어 삼장은 스리랑카로 전래되어 현존 상좌부 불교를 대표하는 빠알리어 삼장pāli大藏經을 구축하였다.

경經·율律·논論의 삼장三藏을 바구니에 보관했기 때문에 삼장三藏이라 한다. 장藏은 바구니라는 뜻이다.

반면 산스크리트어 계열의 대승불교는 AD 223-253년경 쿠샨Kushan왕조의 카니슈카Kaniska왕의 후원으로 카쉬미르에서 열린 제 4차 결집 이후 빠알리어나 쁘라크리뜨 언어로 암송되다가 돈황 지역을 중심으로 인도 북부의 승려와 불교학자들에 의하여 천산 남로, 천산 북로를 통해 중국으로 전래되기 시작하였다.

이후 대승불교의 한역 역경은 대략 1000여 년간

이어지게 되었고 현재 해인사에 소장되어 있는 팔만대장경은 이러한 경로를 통하여 이루어진 결과물이다.

빠알리어 삼장三藏

- 숫따 삐따까Sutta Piaka經藏
- 위나야 삐따까Vinaya Piaka律藏
- 아비담마 삐따까Abhidhamma Piaka論藏이다.

빠알리어에는 성전이라는 뜻도 있어서, 빠알리어라는 말 자체가 삼장을 가리키기도 한다.

BC 1세기

상좌부 경전과 대승불교의 경전 : 상좌부를 상징하는 초기불교의 빠알리어 경전이 스리랑카를 통하여 전승된 것이라면 대승불교는 2차 결집 이후인 부파불교 시대부터 점차 생성되다가 3차 결집 무렵에 설법의 주체인 붓다의 가르침을 대승적으로 해석한 가르침이 왕성하게 번성하면서 대승사상을 결집한 대승불교의 경전을 재정립하게 되었다.

이러한 배경으로 다양한 대승경전이 제작되었으며, 일반적으로 《반야경》 계통에 속하는 몇몇 경전은 이미 기원전에 제작되었고, 《8천송 반야바라밀경》 등은 1세기경에 제작된 것으로 알려져 있는데 《대아미타경》은 이보다 이른 시기에 제작된 것으로 보고 있다.

지루가참 등이 2세기경에 이미 대승경전을 한역한 것을 보더라도 대승 경전은 인도에서 매우 이른 시기에 유포되었음을 알 수 있다.

1세기 전후로 제작되었을 것으로 추정되는 경전은 《도행반야경》, 《반주삼매경》, 《수능엄삼매경》 등이 있고, 이보다 조금 늦은 것으로 《금강경》, 《유마경》, 《열반경》, 《승만경》, 《화엄경》, 《법화경》,

《대명도경》과 같은 경전과 비교적 조금 후대에 제작된 《능가경》 등도 대표적인 대승 경전에 속한다.

대승불교 : 붓다 열반 후 4~5백여 년이 경과한 기원 전후에 인도에서는 대승불교라는 새로운 불교 운동이 일어난다.

개인의 해탈만을 추구하는 부파불교에 대한 비판에서 대두되어 이후 교리의 이론적 해석에만 몰두한 나머지 대중들을 돌보는 것을 소홀히 하는 부파불교에 대한 비판, 보살 사상의 확산, 자타카 등의 불전 문학, 바라문교의 유신론적 흐름과 헬레니즘 문화 등이 영향을 주었다.

초기 대승불교는 독립 교단을 형성한 것이 아니라 기존 부파불교 교단 내에 대승불교의 가르침을 따르는 출가자가 섞여 사는 형태였다.

대승불교도들은 전통 부파 승가의 '성문'이라 불리는 출가자들을 비판했는데 성문들의 최종 목표는 아라한이 되는 것으로 고통받는 사람들과 그 고통을 함께 나누거나 중생 구제에는 적극적이지 않았다. 대승불교도들은 이러한 성문들의 태도를 비판하면서 이들이 신봉하는 가르침을 열등하고 작은 탈 것이라는 의미로 '소승'이라 불렀다.

'상구보리 하화중생', 즉 '위로는 깨달음을 구하고 아래로는 중생 교화'라는 서원 하에 대승불교도들은 맹렬하게 수행 정진하며 《금강반야경》, 《화엄경》, 《법화경》 등 새로운 대승 경전을 성립시키며 다양한 가르침을 전개하였다.

기원전후

4차 결집 : 부처님 열반 후 약 400년경 건타라국 乾陀羅國 카니슈카왕서기 73~103년 재위의 후원으로 《아비달마대비바사론》을 편집, 이를 제4차 결집이라 칭한다.

카슈미르Kaśmira 환림사環林寺에서 결집하였으며 파르슈와Pārśva존자가 빠알리어 삼장에 정통한 500명의 비구를 결집하여 30만頌 660만言 주석서인 《아비달마비바사론》과 경전을 산스끄리트어 문자로 편집하였다.

이 책은 설일체유부의 근본 교학을 확립한 《아비달마발지론》의 주석서로, 이 저작을 통해 불교의 교의가 완성되었다고 평가받고 있다.

중국의 불교 전래

AD 67년경 : 후한의 명제는 천축의 고승 가섭마등迦葉摩騰과 대월지국의 승려 축법란竺法蘭 스님을 관례에 의해 외무부 소속 관아官衙인 홍려사鴻廬寺에 머물게 했으며 이 두 스님은 이곳에 계속 머물면서 역경과 불교의 예와 의식을 가르쳤다. 숙소로 사용하던 홍려사를 중국으로 올 때 불경과 불상을 싣고 왔던 백마를 기념하여 백마사白馬寺라는 이름으로 중국 최초의 사찰을 건립하였다.

가섭마등迦葉摩騰과 축법란竺法蘭 두 스님은 이곳에 머물며 42장경四十二章經을 한역하였는데 이것이 현존하는 중국 최초의 한역 불교 경전이다.

AD 147년경

안세고安世高 : 중국 후한 시대의 상좌부 경전을 한역한 첫 역경譯經가이며 승려였던 안세고는 지금의 이란 북부에 있었던 안식국의 왕자였다.

안식국 출신이기 때문에 성을 안安이라 하였고 이름은 청淸, 자字는 세고世高이다.

부왕이 죽은 뒤 숙부에게 왕위를 넘겨주고 출가하여 여러 나라를 유행하다가 동한 환제건화 초 147년에 낙양당시 동한의 수도에 와서 그 이듬해부터 영제 건녕 2년인 169년까지 22년간 《안반수의경》, 《음지입경》, 《십이인연》, 《팔정도》 등 34부 40권 등을 한역하였다.

AD 166년경

지루가참支婁迦讖 : 쿠샨제국 출신의 승려인 지루
가참이 166년경 후한의 낙양으로 와서 《반주삼
매경般舟三昧經》, 《무량청정평등각경無量清淨平等覺
經》, 《도행반야경道行般若經》, 《수능엄삼매경首楞嚴
三昧經》, 《아축불국경》 등 14부일설에 따르면 23부의
경전을 번역하였으며 중국에 대승불교의 경전을
전한 최초의 승려이다.

AD 223년경 불교의족경 한역

4아함과 5부 니까야 : 한역 아함경에는 빠알리어
니까야 중 5부 쿳다까 니까야小部에 해당하는 한
역 아함은 없다. 하지만 쿳다까 니까야에 속하는
《법구경》이나 《본생경》, 《숫타니파타》의 일부가
오吳나라 지겸支謙에 의해서 《불교의족경佛敎義足
經》으로 한역되어 있다.

니까야 빠알리어	5부 니까야				
	디가 니까야	맛지마 니까야	상윳따 니까야	앙굿따라 니까야	쿳다까 니까야
4아함 한역	장아함 장부	중아함 중부	잡아함 상응부	증일아함 증지부	불교의족 경

한국의 불교 전래와 불교사적 기록

AD 372년경 고구려 불교 수용

고구려 17대왕 소수림왕 14년 372년 전진前秦의 승려 순도화상順道이 외교사절과 함께 불상과 경전을 가지고 왔으며 374년에 아도화상阿道이 불교를 전래했다.

AD 384년경 백제 불교 수용

백제 침류왕 원년 동진東晉의 마라난타에 의해 불교가 수용되었다.

AD 410년경 구마라집 대승경전 한역

대승경전인 산스끄리트어 경전을 한문으로 역경하였다.

구마라집 343~413년 : 경장·율장·논장 등 삼장에 정통한 승려

AD 520년경 달마대사 중국 진출

남인도 출신의 승려로 중국 선종의 초조이며 혜가
대사에게 전법하여 선맥을 잇게 하였다.

불심천자佛心天子라 불리던 양梁나라의 황제인 무제와 만나
선한 행위를 쌓는 것만으로는 구원에 이를 수 없다고 하였
다.

AD 572년경 이차돈 성사 순교

신라 법흥왕 14년 이차돈異次頓 성사의 순교를 계
기로 불교를 수용하게 되었으며 흥륜사興輪寺를 지
어 일반 백성들도 출가하여 승려가 되는 것을 허
락했다.

AD 550년경 오시팔교

천태종 종조天台宗宗祖인 천태지의대사天台智顗大師
가 부처님의 설법 시기를 오시팔교五時八敎로 정립
하였다.

AD 602 – 664년 현장법사

당나라 초기 고승이자 번역가며 서유기의 주인공
인 현장법사三藏法師가 대승경전을 한역으로 역경
하였다.

경장經藏·율장律藏·논장論藏에 통달하여 삼장법사三藏
法師라 한다.

AD 617 – 686년 원효대사
625 – 702년 의상대사

AD 638 – 713년 혜능대사

당나라의 혜능대사慧能는 선종禪宗의 제6조이자
남종선南宗禪의 시조이다. 일반적으로 6조대사 또
는 조계대사曹溪大師라고 한다. 대감선사大鑑禪師는
시호이다.

AD 704 – 787년 왕오천축국전

둔황에서 발굴된 《왕오천축국전》을 저술한 신라
의 승려인 혜초慧超는 일찍 당으로 건너가 광저우

에서 남인도 출신의 승려인 금강지 대사에게 출가하여 밀교를 배웠다.

《왕오천축국전》은 인도뿐만 아니라 지금의 파키스탄, 아프가니스탄, 이란, 터키, 러시아 등 6개국을 직접 다니면서 쓴 여행기로서 1908년 프랑스의 폴 페리오가 둔황의 막고굴에서 발견하였다.

1237 – 1248년 팔만대장경 조성

현재 해인사에 소장되어 있는 국보 제32호 《팔만대장경》은 초조대장경初雕大藏經이 몽골군의 침입으로 1232년 불에 소실되자 당시 무신정권의 최고 권력자였던 최우崔瑀가 대장도감을 설치하고 16년만인 1251년 9월 25일에 팔만대경판의 조성을 완료하였다.

1941년 남전대장경 간행 – 일본

19세기 전반에 영국이 스리랑카를 지배하면서 빠알리어 삼장이 유럽에 알려지게 되었고 1881년에

T.W. 리쓰 데이비스Rhys Davids가 런던에 설립한 빠알리성전협회Pali Text Society에 의해 영역본英譯本으로 간행되었다.

《남전대장경》은 이 간행본을 저본으로 1941년에 65권 70책으로 일역日譯되었다.

1974년 숫타니파타 출간

초기 경전인 《숫타니파타》는 1917년에 일본의 불교학자인 다치하나 쥰도우 박사를 시작으로 1939년 미즈노 고갱水野弘元, 나카무라 하지메中村元 박사의 학술적 연구로 1958년에 일본어로 출간되었고 나카무라 하지메 박사의 일역본日譯本이 법정스님法頂 譯,1974 정음사과 운학스님雲學 譯,1980 凡友社에 의해 한글본으로 출판되었다.

2005년 빠알리어대장경 출간

2005년부터 초기불전연구원2002년 설립에서 각묵 스님과 대림스님에 의해 《디가니까야장부》 3권, 《앙굿따라니까야증지부》 6권, 《상윳따니까야상응 부》 4권, 《맛지마니까야중부》 4권을 완역하였으며 이외에도 《아비담마길라잡이》, 《청정도론》, 《대반 열반경》, 《초기불교 이해》, 《초기불교 입문》, 《이 띠웃따까》 등 초기불교 교학과 논서들을 번역 출 간하였으며 한국빠알리성전협회 전재성 박사에 의해서도 빠알리 대장경이 완역되었으며 또한 빠 알리 율장인 《비나야빠따까》뿐만 아니라 《우다 나》, 《숫타니파타》 등등의 초기불교 경전을 활발 발하게 번역하고 있다.

현재 초기불전연구원과 한국빠알리성전협회는 한 국의 대승불교1700년 역사에 초기불교경전 역경에 큰 획을 긋고 있다 하겠다.

친절한 금강경 추천서

동 봉

우주를 날아온 빛이
프리즘prism을 통과하면서
환상적인 무지개 빛깔로 나뉜다.
이처럼 아름다운 현상을
스펙트럼spectrum이라 한다.
빨간색에서 주황 노랑 초록을 거쳐
파랑 쪽빛 보랏빛에 이르기까지
한눈에 보이는 가시광선이다.

하루는 고닐ㅣㅡ 수좌가
금강경 원고를 들고 나를 찾았다.
서해 최북단 백령도에 아란야를 열고
부처님佛의 가르침敎을 펼치는
이 시대의 수보리며 부루나다.

그가 원고 보따리를 펼치는 순간
내 눈에 난반사로 들어온 것은
스펙트럼 현상 그 자체였다.
파장이 가장 짧은 보랏빛으로
가장 안쪽에 삶의 벼리인
생로병사生老病死를 그리되
모로 세운 사각으로 표현하고 있다.
그다음으로 파장의 길이에 따라
아인중수我人衆壽라고 하는
사상四相을 쪽빛으로 수놓고 있다.
금강경 방하착의 뼈대 법문이다.

다시 밖으로 파장이 좀 더 길다는
파란색 고집멸도苦集滅道 사성제를
생로병사 모서리 밖에 위치시킨다.
여기까지는 사각의 형태지만
사성제 밖에 놓인 초록빛 12인연十二因緣
12인연 밖의 노란색 팔정도八正道
팔정도를 감싼 육바라밀행은

붉은빛과 노란빛이 한데 어우러진
주황빛깔 스펙트럼일 것이다.
육신으로서 겪는 생로병사 안쪽은
자외선紫外線이라 보이지 않고
육바라밀 밖은 뭘로 에웠을까.
정신세계의 완벽한 마무리로서
고닐 수좌는 금강경을 놓는다
금강경은 어떤 빛깔을 띨까.
가시광선 가장 긴 파장의 빨강이다.

금강경 바깥은 보이지 않는다.
육안으로 볼 수 있는 선 바깥으로
적외선赤外線인 까닭이다.
가시광선을 벗어난 바깥세상이
우리 눈에 보이지 않는다 하여
어떤 빛깔도 없는 것일까.
불성 없이 성불이 불가능하듯
본디 없는 빛깔은 프리즘이 있어도
스펙트럼 현상은 생기지 않는다.

고닐 수좌의 '곤일'은 법호다
언젠가 내게 법호를 부탁하기에
앉은자리에서 선물한 것이다.

세로 곤ㅣ에 가로 일一 자이지만
새김은 본디 뚫을 곤이고 한 일이다
세로로 이어지는 장구한 시간과
가로로 펼쳐진 광활한 공간을
하나로 엮은 이름이다.

고닐 수좌의 금강경도圖는
의상조사가 학위 논문으로서
스승에게 제출한 해인도를 닮았고
그가 전하려는 금강경 해설은
해인도를 설명한 법성게인 셈이다.

그는 생각이 끊긴 세계와 함께
말 없는 경지를 드러내 보이고자
묻는 자와 답하는 자

해설하는 자의 소리까지
필체로 낱낱이 구분하고 있다.

인간의 두 눈으로 볼 수 없고
두 귀로도 들을 수 없는
1AU의 거리를 날아온 밝은 햇살
그 속 다양한 빛의 아름다움을
프리즘을 통해 감상할 수 있다.

친절한 금강경도 이와 다르지 않다.
이토록 쉬운 금강경을 교재로 하여
소리를 떠난 고귀한 가르침과
모양 밖에 펼쳐진 진리를
마음껏 향유하시길 삼가 권한다.

02/29/2020
프러포즈 데이 페불알이 끝날에
곤지암 우리절 선창에서

추천서 용어 이해

아란야阿蘭若

아란야阿蘭若는 한가롭고 조용한 곳이라는 뜻으로 절寺刹을 달리 이르는 말이다.

천문단위AU天文單位Astronomical Unit

AU는 지구에서 태양까지의 평균 거리를 나타낸 것이다. 주로 행성 간 거리를 표현할 때 사용한다. 1AU는 태양과 지구의 평균 거리인 약 1억4960만㎞에 해당한다.

프리즘prism

프리즘이란 밑면이 삼각형 또는 다각형으로 되어 있는 투명한 유리나 수정 기둥으로써 빛을 굴절시키거나 전반사시키는 데 사용된다.

태양 광선을 정삼각형 프리즘에 비추어 보면, 빨강에서 보라까지의 연속된 색의 띠로 나누어지는 것을 알 수 있다. 이와 같이 하나의 빛이 여러 가지 색을 띤 빛으로 나누어지는 현상을 빛의 분산이라 한다.

이것은 프리즘을 통과할 때 각 색깔마다 꺾이는 비율이 다르기 때문이다.

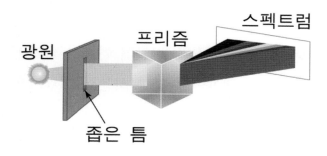

스펙트럼spectrum

프리즘으로 햇빛을 분산하면 빨간색에서 보라색까지의 연속된 색광으로 갈라진다. 이렇게 생기는 빛의 띠를 스펙트럼이라고 한다.

가시광선可視光線 visible rays

인간의 눈으로 지각할 수 있는 보통의 광선 또는 빛

난반사亂反射

난반사는 표면으로 들어온 빛이 반사될 때 다수의 방향으로 반사되는 빛의 반사이다.

프러포즈 데이2월 29일

4년에 한 번씩 찾아오는 양력 2월 29일에 여자가 남자에게 청혼하면 무조건 승낙해야만 한다고 하는 아일랜드의 풍습에서 연유한 기념일이라고 한다.

페불알이 끝날에

아프리카 사람들이 2월February을 페부라리라고 발음하는 것을 듣고 동봉 스님께서 2월 29일을 우리말로 '페불알이 끝날에'라 표현하였다.

참고 자료

조계종 표준 금강반야바라밀경 / 조계종 출판사

금강경 – 사단법인 올재 / 동봉 역해

금강경 강해 – 통나무 / 도올 김용옥 지음

니까야로 읽는 금강경 – 민족사 / 이중표 역해

금강경 – 한국불교연구원 / 이기영 역해

금강경 오가해 – 불광출판부 / 무비 역해

법륜스님의 금강경 강의 – 정토출판 / 법륜 지음

초기불교 이해 – 초기불전연구원 / 각묵 지음

초기불교 입문 – 초기불전연구원 / 각묵 지음

불교 입문 – 민족사 / 이자랑 · 이필원 지음

外 다수

법공양 안내

부처님께서는 금강경의 가르침에서

**"금강경이 담고 있는 그 의미는 불가사의하며
그 공덕 또한 불가사의함을
마땅히 알아야 한다."**

고 하였으며

**"금강반야바라밀경이나
네 구절의 게송만이라도
항상 읽고 배우고 익히면서
다른 사람들에게 그 뜻을 설명해준다면
이 복덕은 갠지스강의 모래알만큼이나 많은
삼천대천세계를
칠보로 가득 채워서 보시한 복덕보다도
훨씬 더 크다."**

고 하였습니다.

금강반야바라밀경을

법공양 올리는 인연으로

돌아가신 부모 형제를 비롯한 일가친척과

유주무주의 일체 고혼은 극락왕생하고

과거 현재 미래에 인연 짓는

고마운 친구와 이웃들이

마침내는

성불하는 인연 공덕 성취하소서.

친절한 금강경 / 법공양

금강경 독송 · 삼오 바라밀회 / 회원가입

문의

032 836 0108

010 3247 6238

삼오 바라밀회

친절한 금강경

편역·그림   고닐스님

발행   2021년 4월
펴낸곳   도서출판 도반
펴낸이   김광호
편집   김광호, 이상미
대표전화   031-465-1285
이메일   dobanbooks@naver.com
주소   경기도 안양시 만안구 안양로 332번길 32
홈페이지   http://dobanbooks.co.kr